Susanne Herrmann
Gerhard Huhn
Giovanni Lazzeri
Hendrik Backerra

Selbstbestimmt arbeiten

Bausteine und Methoden

HANSER

Inhalt

Einleitung

Der Kabarettist Dieter Hildebrandt zitierte in einem Gespräch mit Reinhold B. Kerner anlässlich seines 80. Geburtstages im Rückblick auf sein Leben seinen Kollegen Richard Rogler, der im Titel seines ersten Soloprogramms aufforderte:

FREIHEIT AUSHALTEN!

Wieso aushalten? Freiheit ist doch großartig, erstrebenswert, angenehm und gegen Einschränkungen unserer Freiheit wehren wir uns. Nun, Freiheit hat, wie Hildebrandt weiter deutlich machte, eben auch die andere Seite: In Freiheit zu leben heißt, selber Entscheidungen darüber zu treffen, wie, wo, mit wem und wovon wir leben wollen. Heißt Risiken eingehen, dass Entscheidungen getroffen werden, die negative Folgen für uns oder andere haben, dass etwas schiefgehen kann. Bei Entscheidungen anderer können wir mit dem Finger auf diese zeigen und sagen: Diese da tragen die Verantwortung – ich kann nichts dafür! Freiheit heißt, die Verantwortung selbst übernehmen. Freiheit kann sogar zur Last werden, wenn wir unsicher über unsere Entscheidungen werden oder eine Reihe von Fehlschlägen zu ertragen haben – oder auch, wenn wir sie nur befürchten. Erich Fromm, Therapeut, Forscher und Schriftsteller, hat bereits 1941 ein ganzes Buch über die „Furcht vor der Freiheit" geschrieben. Er beschreibt dort die Krise, in die der moderne Mensch geraten ist, nachdem er sich von den Fesseln der autoritären Gesellschaftsstrukturen vergangener Jahrhunderte befreit hat. „Freiheit – verstanden als die positive Verwirklichung seines individuellen Selbst, als die Fähigkeit, seine intellektuellen, emotionalen und sinnlichen Möglichkeiten voll zum Ausdruck zu bringen", war 1941 keinesfalls errungen (er beschrieb damals die gesellschaftliche Realität der USA) und wir müssen uns die Frage gefallen lassen, ob wir diesem Ziel inzwischen wesentlich näher gekommen sind. Sind wir nicht immer noch täglich der Gefahr ausgesetzt, die Last der Freiheit nicht mehr auszuhalten und uns freiwillig in Abhängigkeiten zu begeben, auf unsere Selbstbestimmung zugunsten einer Illusion von Sicherheit zu verzichten? FROMM schreibt, dass *„die meisten Menschen überzeugt sind, dass ihre Entschlüsse die ihren sind und dass es sich um ihr eigenes Wollen handelt, wenn sie etwas wollen, solange sie nicht von einer anderen Macht offen zu etwas gezwungen werden. In Wirklichkeit verhalten sich viele Menschen so, wie es andere erwarten. Dahinter steht die Angst vor Isolierung und die vermeintliche unmittelbare Bedrohung unserer Freiheit und unserer Behaglichkeit."* FROMM nennt das ein Pseudo-Wollen. Persönliche Wünsche werden verdrängt und wir machen uns die Erwartungen der anderen zu eigen. Das kann so weit gehen, dass man meint, man wolle es selbst. Aus dem ursprünglichen Wunsch wird ein Pseudo-Wunsch. Was der Mensch wirklich wünscht und will, das weiß er meistens gar nicht. Er ist sich weder seiner eigenen Wünsche noch eines eigenen Willens bewusst.

Die gesellschaftliche Dimension wird an anderer Stelle aufzugreifen und zu bearbeiten sein. In unserer kleinen Schrift „Selbstbestimmt arbeiten" konzentrieren wir uns auf den ganz persönlichen, individuellen Aspekt: auf Sie. Und wir wollen Sie auch nicht mit theoretischen Überlegungen vergraulen. Das Leben findet hier und heute und ganz praktisch statt. Wir müssen Tag für Tag darauf achten, das zu tun, was wir tun wollen, wir müssen unsere Freiheit in Selbstbestimmung ganz konkret umsetzen. Und die Zeit der großen Konzepte und Utopien hat ihre Zeit gehabt. Wir haben uns entschieden, eine Strategie vorzuschlagen, die mit kleinen Schritten starke Wirkungen auslösen kann. Daher stellen wir Ihnen auch kein geschlossenes System der Lebenskunst vor, sondern eine sehr sorgfältig ausgewählte und praktisch bewährte Sammlung von Impulsen. Der Ansatz ist zugegebenermaßen dann doch optimistisch: Wir hoffen, dass Sie nicht nur lesen, sondern praktisch umsetzen, was beschrieben wird. Und zur Beruhigung: Sie brauchen gar nicht alles von vorn bis hinten zu lesen und perfektionistisch zu realisieren. Greifen Sie ein Kapitel heraus. Fangen Sie an zu überlegen, entscheiden Sie sich für die Tat und dann handeln Sie. Beobachten Sie die Auswirkungen, gegebenenfalls optimieren Sie die Feinsteuerung und dann schwungvoll an den nächsten Schritt. Genug der einleitenden Bemerkungen: Legen Sie einfach los, lernen Sie Freiheit mit Freude auszuhalten. Gutes Gelingen wünschen Ihnen Susanne Herrmann, Gerhard Huhn, Giovanni Lazzeri und Hendrik Backerra, Ihr Autorenteam.

PS: Und wenn Sie von und nach dem Pocket-Power-Buch Appetit auf noch reichhaltigere Kost bekommen sollten, dann empfehlen wir Ihnen das im selben Verlag erschienene Buch „Selbstmotivation – Flow statt Stress oder Langeweile".

Die folgenden drei Symbole führen Sie durch dieses Buch:

 Unter diesem Symbol werden Tipps gegeben.

 Dieses Symbol weist auf Schwierigkeiten hin.

 Dieses Symbol steht neben Übungen.

1 Raus aus dem Hamsterrad

1.1 Selbstbestimmt arbeiten

Ein ambitionierter Gärtner macht Urlaub auf einem Kreuzschiff. Von seinem Liegestuhl aus schaut er über die Reling hinaus aufs weite Meer und lässt sich vom leichten Seegang schaukeln. Der Reiseveranstalter hat ihm drei Wochen Urlaub der Superlative versprochen, mit allem Drum und Dran, um dem eigentlichen Glück ein Stück näher zu kommen. Sie werden sich fühlen wie im Paradies, so die Worte im Reisekatalog. Doch ist der Gärtner tatsächlich zutiefst glücklich? Er ist sichtlich entspannt und lässt es sich gut gehen. Doch so richtig glücklich fühlt er sich nicht. Vor seinem geistigen Auge tauchen Rosen und Weißdornhecken auf, die Geschöpfe seiner Arbeit, und der bloße Gedanke daran, was er nach seiner Rückkehr im Garten noch alles machen kann, erfüllt ihn mehr als all die Wellnessmöglichkeiten an Bord. Wie kann das denn möglich sein? „Das würde mir ja nie im Leben passieren, im Urlaub sehnsuchtsvoll an meine Arbeit zu denken", könnte die Bemerkung eines gelangweilten Angestellten sein, der demotiviert an seinem Arbeitstisch sitzt und im Terminkalender wieder einen Tag aus der langen Liste streicht, die ihn von seinem nächsten Urlaub oder gar seiner Rente trennt. In seiner Sicht auf die Dinge sind Sinn, Erfüllung und Arbeit nicht vereinbar.

Richten wir unseren Blick auf die Wissenschaften, so sehen die Fakten anders aus: Zum Beispiel hat der Glücks- und Kreativitätsforscher MIHALY CSIKSZENTMIHALYI in seiner langjährigen Arbeit nachgewiesen, dass es überhaupt nicht abwegig ist, eine Brücke zwischen Arbeit und Sinn zu schlagen. In einer seiner Studien hat er gezeigt, dass Arbeit eine sichere, doch oft unterschätzte Quelle für positive Gefühle ist. Er fragte Arbeitnehmer, ob sie in ihrer Freizeit durchschnittlich glücklicher seien als an ihrem Arbeitsplatz. Was würden Sie darauf antworten? Vielleicht würden Sie, wie die Mehrheit der Befragten, auch Ihrer Freizeit als Quelle Ihres Glücks einen deutlicheren Vorsprung einräumen. Was CSIKSZENTMI-HALYI herausfand, bestätigte keineswegs die spontane Antwort der Befragten. In einem Zeitraum von mehreren Wochen trugen die Versuchsteilnehmer zu unterschiedlichsten Zeiten ihre emotionalen Höhen und Tiefen, die Momente guter und schlechter Laune, die Augenblicke von Langeweile und Glück in eine Art Tagebuch ein. Daraus entstand ein Protokoll, das deutlich zeigte, dass die vermeintlich Glück spendende Freizeit für viele von Stress, Langeweile und enttäuschten Erwartungen geprägt war. Optimale Zustände und Glücksgefühle entstanden hingegen in voller Konzentration auf eine Aufgabe, mit der Lösung von schwierigen Angelegenheiten, nach erfolgreich gemeisterten Herausforderungen. Gemäß diesen Erkenntnissen macht es also durchaus Sinn, sich auf die Suche nach dem Weg zu machen, der Arbeit und Erfüllung zusammenführt.

Wie sieht es bei Ihnen aus? Empfinden Sie Sinn und Zufriedenheit beim Arbeiten oder Unzufriedenheit und Langeweile? Eine Standortbestimmung ist der erste Schritt zur Klarheit. Bedenken Sie, wie viel Zeit – Ihre Lebenszeit – Sie bei Ihrer Arbeit verleben – und was für einen Verlust es bedeutet, wenn Sie dabei die meiste Zeit unglücklich sind, keinen Sinn in Ihrem Tun erleben und sich fehl am Platz fühlen. Wenn Sie Ihren Job nur mit der Hälfte Ihrer Energie machen, betrügen Sie sich um Ihr halbes Leben. Wenn Sie an Ihrem Schreibtisch sitzen und von einem Leben als Strandbarbesitzer in der Karibik träumen, sind Sie weder an Ihrem

Schreibtisch noch am karibischen Sandstrand. Langfristig werden Sie dabei wahrscheinlich destruktiv oder sogar krank. Unser Leben findet jetzt statt, nicht irgendwann – und einen Nachschlag gibt es nicht.

Das Unzufriedenheitsbarometer

Kreuzen Sie in der folgenden Tabelle an, **wie zufrieden Sie mit den einzelnen Arbeitsbereichen sind**. Damit erkennen Sie, wo Sie gerade stehen und in welchem Bereich Ihnen Veränderung guttun würde.

	bis 20%	bis 40%	bis 60%	bis 80%	bis 100%
Tätigkeit					
Branche					
Kollegen					
Chef					
Firma allg.					
Rahmen-bedingungen					

Welchen **Vorteil** sehen Sie in Ihrer momentanen Arbeitssituation?
Zum Beispiel:
- es ist bequem
- gemütlicher Job
- kein Stress
- nette Routinetätigkeiten
- ich kenne die Kollegen gut
- ich verdiene gut
- ich bin gut eingearbeitet
- in der Nähe meines Wohnorts
- Sicherheit

- …
- …
- …
- …

Welchen **Preis** bezahlen Sie dafür?
Zum Beispiel:
- es ist eigentlich langweilig
- keine Herausforderung
- es gibt mir kein Gefühl von sinnvoller Arbeit
- Stress
- zu wenig Freizeit
- hohe Belastung, hoher Arbeitsdruck
- …
- …
- …
- …

Wenn diese Unzufriedenheitsmessung ergibt, dass Sie in der Mehrheit der Bereiche mehr als 80 % zufrieden sind, und der Preis, den Sie für gewisse Wohlfühlaspekte in der gegenwärtigen Tätigkeit zahlen, nicht wirklich hoch ist, können Sie den folgenden Abschnitt überspringen und bei Kapitel 1.3 weitermachen.

Ist Ihnen jedoch bewusst geworden, dass Ihnen Ihre momentane Arbeitssituation wenig Zufriedenheit beschert? Erscheint Ihnen der Weg zu Sinn und Glück in der Arbeit zu weit und zu steinig? Dann sollten Sie sich den nächsten Abschnitt besonders gründlich vornehmen. Er bietet Ihnen die Chance, Ihre Weichen neu zu stellen und Ihrem Leben eine neue Ausrichtung zu geben.

1.2 Der Sprung aus dem Hamsterrad: Alternativen abwägen

„Menschen machen immer die Umstände verantwortlich für das, was sie sind. Ich glaube nicht an Umstände. Die Menschen, die in dieser Welt vorankommen, sind die Menschen, die sich aufmachen und nach den Umständen suchen, die sie sich wünschen, und wenn sie diese nicht finden, erschaffen sie die Umstände."

GEORGE BERNARD SHAW

Bei einer Analyse der Lebenssituation gibt es immer genügend Gründe, das, was einem nicht gefällt, mit der Verursachung durch Dritte oder mit schicksalhaften Umständen zu erklären. Es bleibt eben einfacher, erst einmal zu jammern, anderen die Schuld zuzuweisen und die Verantwortung für die eigene Lebenssituation an Dritte abzugeben. Wenn Sie sich einmal fragen, wer und was alles Schuld an Ihrer momentanen Arbeitssituation hat, fällt Ihnen doch bestimmt so einiges ein: Die wirtschaftliche und politische Lage, der schlechte Arbeitsmarkt und externe Faktoren wie die Umstände im Allgemeinen halten gut her, um die eigene Situation und die ausbleibenden Chancen zu erklären. Viele Menschen erleben sich in ihrer Denkweise als Opfer – ihrer Eltern, die kein Geld oder keine Zeit hatten, für eine bessere Ausbildung zu sorgen; ihrer Partner, die z.B. damals nicht in eine neue Stadt (wo ein guter Job gewunken hätte) umziehen wollten; ihrer Kollegen, ihrer Chefs – ja eigentlich der ganzen Welt. In dieser Rolle berauben sie sich jedoch jeglichen Gestaltungs- und Handlungsspielraums und haben so gar nicht das Gefühl, ihr Leben selbst gestalten zu können. In dem Moment, wo jemand die Verantwortung für sich und seine Situation nach außen abgibt, hat er keinen direkten Einfluss mehr darauf und macht sich von den Umständen abhängig. Daraus resultieren Unzufriedenheit und Selbstmitleid. ALBERT ELLIS hat dies vortrefflich beschrieben: *„Die besten Jahre Ihres Lebens sind die, in denen Sie entscheiden, dass Ihre Probleme wirklich Ihre eigenen sind. Sie machen nicht Ihre Mutter, die Umwelt oder die Politiker verantwortlich. Sie stellen fest, dass Sie Ihr Schicksal selbst bestimmen."* (Jedenfalls im Rahmen des Spielraums, der uns tatsächlich zwischen Fakten und Freiheit gegeben ist.)

Eine gängige Art zu denken und die Dinge zu beurteilen beruht also auf dem Konzept der Fremdsteuerung bzw. Fremdverantwortung. Der erste Schritt, sich aus diesem Denkmuster zu lösen, ist die nüchterne Realisierung, dass in unserem Land niemand mit der Pistole gezwungen wird, einen Arbeitsvertrag zu unterschreiben. Es ist Ihre Entscheidung, wo und bei wem Sie arbeiten. Gewiss hat, als Sie Ihren Arbeitsvertrag unterschrieben haben, eine ganze Reihe von „zwingenden" Faktoren eine Rolle gespielt, möglicherweise haben Sie auch keine realen Alternativen gesehen. Aus der Sicht eines distanzierten Beobachters gibt es aber immer Alternativen, die der Betreffende selbst entweder nicht wahrnimmt oder deren Preis für ihn zu hoch ist (Ortswechsel, weniger Geld, größere Unsicherheit, nicht so bequem, höherer Lernaufwand usw.).

Wenn Sie ganz ehrlich mit sich selbst sind, werden Sie zugeben können, dass Sie sich in der gegenwärtigen Arbeitssituation befinden, weil Sie sich durch unzählige kleine und große Entscheidungen genau in diese Lage gebracht haben. Und auch nur Sie sind es, der an dieser Situation etwas ändern kann. Gefällt Ihnen Ihre momentane Arbeitssituation nicht, können Sie aussteigen – sofern Sie bereit sind, die entsprechenden Konsequenzen auf sich zu nehmen und den entsprechenden Preis zu zahlen. Es läuft folglich auf eine Abwägung zwischen zwei Konsequenzen hinaus: den Preis, den Sie zahlen, wenn Sie die Situation nicht ändern, und den Preis, den es kostet, die Situation zu ändern. Und beides hat entsprechende Gewinnaussichten, die Sie ebenfalls gegeneinander abzuwägen haben. Da dies keine leichte Entscheidung ist, schlagen wir ein strukturiertes Vorgehen vor. Das ist das, was ein Steuermann macht, wenn er sein Schiff auf einen neuen Kurs bringt.

Das Schiff auf Kurs bringen

- **Situationsanalyse:** Zeichnen Sie ein T-Kreuz auf ein Blatt und stellen Sie links die Vorteile und rechts die Nachteile Ihrer momentanen Situation zusammen.
- **Mögliche Alternativen:** Für diesen Analyseschritt ist es notwendig, dass Sie sich einen Freiraum von mindestens einer Stunde schaffen, in der Sie von niemand gestört werden und auch Ihr Telefon abgeschaltet ist. Setzen Sie sich in Ruhe in die Lieblingsecke Ihrer Wohnung und denken Sie spielerisch und ohne jede Einschränkung über alle denkbaren Alternativen nach. Wichtig ist, dass Sie Ihren inneren „Zensor" während dieser Zeit nach draußen zu einem Spaziergang wegschicken und keine der Alternativen daraufhin prüfen, ob sie realistisch ist oder nicht. Es kommt darauf an, so viele Einfälle wie möglich zu sammeln, seien sie auch noch so verrückt oder abwegig.
- **Auswahl treffen:** Erst jetzt, nach dieser Stunde, treffen Sie eine Auswahl von maximal fünf Alternativen und fertigen jeweils das Ihnen aus dem ersten Schritt bekannte T-Kreuz mit Vor- und Nachteilen an. Beobachten Sie sich selbst währenddessen, aber auch darauf hin, ob sich nicht zwischen einzelnen Alternativen auch noch Kombinationen ergeben. Nehmen Sie diese gegebenenfalls in Ihre Auswahl mit auf.

- **Entscheiden:** Legen Sie einen Zeitpunkt fest, an dem Sie eine Entscheidung zwischen einer der gefundenen Alternativen und Ihrer gegenwärtigen Situation treffen werden. Diese sollte zwischen zwei und vier Wochen nach Schritt drei erfolgen. Da es sich um eine bedeutende Entscheidung handelt, sollten Sie den Prozess der Abwägung in unterschiedlichen Stimmungslagen und nicht spontan aus einer Laune heraus treffen.

Doch bevor Sie anfangen, eine Warnung: Bestimmt kennen Sie das Verhalten von Kühen: Das Gras ist immer grüner auf der anderen Seite des Zauns. Was wir nicht haben, wünschen wir uns sehnlichst – und übersehen so oft das, was bereits da ist. Schauen Sie also nach den Möglichkeiten, die in Ihrem gegenwärtigen Tätigkeitsbereich oder Unternehmen bereits vorhanden, aber nicht wirklich genutzt sind. In vielen Unternehmen gibt es die Möglichkeit, auf einen anderen Arbeitsplatz zu wechseln, der neue Herausforderungen und Chancen eröffnet. Nicht selten kann auch eine Veränderung der eigenen Arbeitsweise oder des Umgangs mit Kollegen, Vorgesetzten oder Kunden ganz neue Wege eröffnen, indem man sich von dem, was selbstverständlich ist, verabschiedet und neue Varianten ausprobiert.

Wenn Sie ein alternatives Szenario idealisieren und am jetzigen Zustand überhaupt nichts Positives finden können, ist es an der Zeit, Ihre Einstellung und Erwartungen zu überdenken. Ideale können hinterhältige und destruktive Begleiter sein, solange sie unseren Blick vor den Möglichkeiten der Gegenwart verschleiern. Wer ständig mit dem Gegebenen unzufrieden ist, wird mit hoher Wahrscheinlichkeit auch in einer neuen Situation weitersuchen, nach besseren Verhältnissen, besseren Arbeitsbedingungen, netteren Kollegen – und das Spiel ständig wiederholen.

Falls Ihre kritische Situationsanalyse allerdings ergibt, dass Sie sich in der Zwischenzeit verändert haben, dass Ihre Bedürfnisse gewachsen sind, dass sich Ihre Lebensvorstellungen geändert haben, dass Sie etwas Neues in Ihrem Leben erreichen wollen – und dass Ihr aktueller Job nicht mehr die Rahmenbedingungen für Ihre Weiterentwicklung erfüllt, dann ist es Zeit, sich an das Prinzip zu erinnern: Love it, change it or leave it! Möglicherweise ist es tatsächlich Zeit für einen Wechsel – innerhalb des Unternehmens oder aus dem Unternehmen hinaus. Ein solcher Schritt braucht Mut und Kraft und will gut überlegt sein. Machen Sie sich während dieser Überlegungen immer wieder deutlich, welch großes Ausmaß an Freiheit wir heute besitzen, kaum eine Generation vor uns hatte einen derartig großen Spielraum für eigene Entscheidungen.

Eine aus dem Prinzip der Selbstverantwortung getroffenen Entscheidung, die auf eine gesunde, stabile Basis zurückzuführen ist, ruht auf drei Säulen: Autonomie, Initiative und Kreativität (Bild 1). Ein Mensch, der Selbstverantwortung übernimmt, wählt, autonom und freiwillig zu handeln; er ergreift die Initiative und bringt sich ein; er liefert kreative Antworten und schafft Neues, indem er eine Situation mitgestaltet.

Eine Weiterführung und Vertiefung dieser Gedankengänge können Sie in dem Buch „Das Prinzip Selbstverantwortung" von REINHARD SPRENGER finden.

1.3   Erst geben, dann nehmen

Ein Kellner ist mit seinem Job absolut unzufrieden und schwört, dass er sich wirklich anstrengen würde, hätte er nur eine anständige Arbeit. Aber in seiner Position zahle sich die

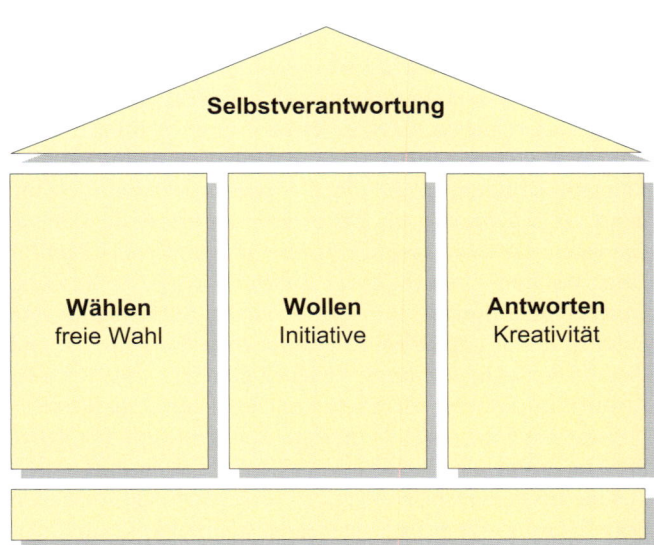

Bild 1: *Die drei Säulen der Selbstverantwortung (nach Sprenger 1995)*

Anstrengung nicht aus, davon ist er überzeugt. Eine Sekretärin beschwert sich über die langweiligen Stunden am Schreibtisch und ist sich sicher, dass sie nicht mehr ständig im Internet surfen würde, wenn sie eine Beförderung und ein wenig mehr Verantwortung bekäme. Ein Bankangestellter ist der Meinung, dass er nicht ständig krank wäre, würde ihm sein Chef das Gehalt erhöhen. Klingt im ersten Ansatz logisch, oder? Doch durchleuchten wir diese Denkmuster einmal genauer, erkennen wir die Problematik. Ein Gleichnis mag dies verdeutlichen: Sie befinden sich im Winter in einer kalten Hütte mitten im Wald. Sie frieren erbärmlich. Da entdecken Sie in einer der Ecken einen Ofen. Sie sprechen den

Ofen an: „Lieber Ofen, bitte wärme mich! Wenn mir warm ist, gehe ich raus und beschaffe dir Holz!" Sie werden noch so lange auf den Ofen einreden können, er wird Sie nicht wärmen. Es führt kein Weg daran vorbei, mit klammen Fingern frierend in den Wald zu gehen, um Holz zu schlagen und zu spalten. Erst dann können Sie Feuer machen und sich aufwärmen. Und beim Holzsammeln werden Sie schon bemerken, dass Ihnen gar nicht mehr so kalt ist – denn sobald wir uns wirklich anstrengen, bewirken wir schon eine Besserung unseres Zustands.

Diese Gesetzmäßigkeit ist uralt und wird nicht an Aktualität verlieren. Es ist das Gesetz von Ursache und Wirkung, nach dem zuerst die Saat und dann die Ernte kommt. Zuerst muss ich arbeiten und sparen, und dann kann ich mir ein neues Auto zulegen. Zuerst muss ich mich bei der Arbeit einbringen, dann bekomme ich eine Gegenleistung für meinen Einsatz. *„Something for nothing"* – das gibt es nicht! Diese anscheinend banale Einsicht ist ein Riesenschritt in Richtung Selbstverantwortung in jedem Lebensbereich. Auf die Arbeitswelt bezogen handle ich selbstverantwortlich, indem ich zum einen Verantwortung für meinen Aufgabenbereich übernehme, alles so gut erledige, wie ich kann, mitdenke, mein Bestes gebe, vollen Einsatz bringe. Zum anderen Klarheit darüber gewinne, was es genau ist, das ich geben kann, was „mein Holz" ist. Was die Dinge sind, die ich besonders gut kann, die mich unterscheiden von anderen, die ich gerne einbringen möchte.

Das systemische Modell nach WOLFF, FRANK und MEWES illustriert das Ursache-Wirkungs-Gesetz im wirtschaftlichen Kontext und dient somit auch dem allgemeinen Verständnis der Energieflüsse in der Arbeitswelt (Bild 2). Das Modell verdeutlicht, dass Mensch, Unternehmen und Markt Teile eines

Was will ich haben?

Was kann/will ich geben?

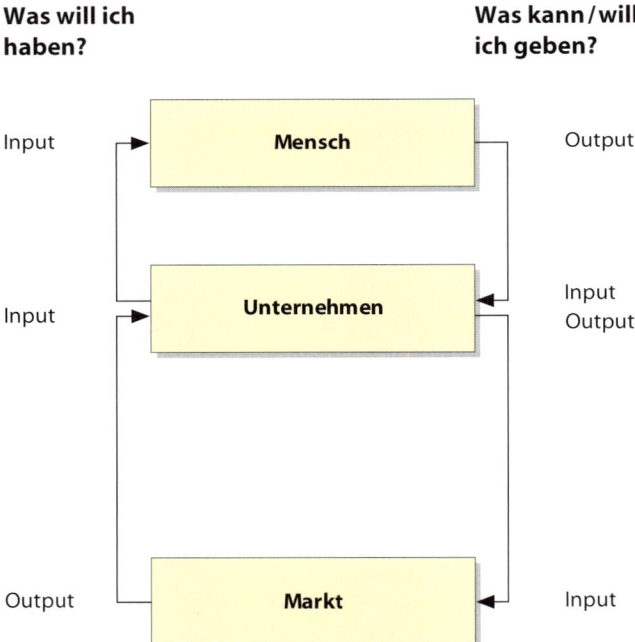

Bild 2: *Der Mensch als System innerhalb von Systemen (nach WOLFF/FRANK/MEWES)*

großen Systemzusammenhanges sind und dass der Mensch einen adäquaten Input („Holz") in ein System einbringen muss, bevor er daraus einen Output gewinnen kann. Möchte ich etwas aus meiner Arbeitswelt bekommen, muss ich erst durch meinen Einsatz einen geeigneten Output generieren, der im Kontext der Arbeitswelt als Input wahrgenommen wird und bei meinem Chef, meinen Kollegen oder Kunden

Wertschätzung findet. Das System Arbeitswelt generiert seinerseits infolge der Wertschätzung meiner Leistung einen Output in Form von Entlohnung, Urlaub, Prämien, Weiterbildungsmöglichkeiten, Karrierechancen, Sicherheit usw. Am Anfang des Kreislaufes muss von mir immer ein Output ausgehen, der den Impuls gibt und das Ganze in Gang setzt.

Haben Sie den Eindruck, dass Ihr Leben im Hinblick auf Ihre Arbeit stagniert, gucken Sie sich Ihr Lebenssystem einmal genau an und erkennen Sie, wie viel Energie Sie hineininvestieren, wie viel „Holz" sie tatsächlich geben. Output und Input gehen fast immer Hand in Hand. Wenn in Ihrem Arbeitsleben nichts Gutes passiert, liegt es an Ihnen, weil Sie sich vielleicht nicht genug einbringen, sich verzetteln oder Ihre Ressourcen im falschen Bereich investieren. Denken Sie daran: Ihr Output formt die äußeren Umstände, und dafür tragen Sie die Verantwortung.

2 Das gute Gefühl: Stimmigkeit, Werte und Flow

> *„‚Das ist mein Weg – wo ist der eure?*
> *Den Weg nämlich – den gibt es nicht' – sprach Zarathustra."*
> FRIEDRICH NIETZSCHE

STEVE JOBS, Mitbegründer von Apple Computer, hat einmal gesagt: *„Ihre Arbeit wird einen großen Bereich Ihres Lebens ausmachen und die einzige Möglichkeit, wirklich zufrieden zu sein, besteht darin, eine hervorragende Arbeit zu leisten. Die einzige Möglichkeit für eine hervorragende Arbeit besteht darin, dass Sie Ihre Arbeit gerne tun."* Arbeit stellt eine bedeutende Komponente im Leben als Ganzes dar – zumindest in unserem Kulturkreis. Damit wird eine sinnvolle und erfüllende Arbeit für uns zu einem wesentlichen Bestandteil eines glücklichen Lebens. Auf der Suche nach dem Glück bleibt es also nicht aus, sich Zeit und Raum zu nehmen, um immer wieder darüber zu reflektieren, mit welcher Art von Arbeit in welchem Kontext ich mich glücklich fühle, wann sich ein Stimmigkeitsgefühl einstellt, in welchen Arbeitssituationen ich merke, dass ich auf dem richtigen Weg bin – auf meinem Weg.

2.1 Kohärenz: Sich stimmig fühlen

Auf die Frage, wann und bei was Sie sich mit sich und Ihrer Umwelt stimmig und eins fühlen, was fällt Ihnen spontan dazu ein?

Die Sportler unter Ihnen werden nicht lange überlegen müssen, auch wer z. B. Yoga macht, weiß, damit etwas anzufangen. Bei einem Stimmigkeitsgefühl kommt es zu einem

Gefühl von Einklang, innerer Ruhe, Frieden mit sich und dem Umfeld. Es geht darum, das Richtige zu tun, auf dem richtigen Weg zu sein, mit sich, seinem Körper und der Umwelt auf einer Wellenlänge zu sein. Oftmals drückt sich das Gefühl von Stimmigkeit über die Körperwahrnehmung aus. Aus der Summe von unzähligen einzelnen Stimmigkeitsmomenten erwächst ein Stimmigkeitsgefühl dem Leben und sich selbst gegenüber. Und natürlich auch aus den „Unstimmigkeitsgefühlen", die uns zwischendurch mehr oder weniger deutlich signalisieren, dass wir eben gerade nicht auf dem richtigen Weg sind. Auch unsere inneren Spannungen, Wut- oder Traurigkeitsgefühle sind Signale des inneren Bewertungssystems, die uns veranlassen wollen, immer wieder das angenehmere Gefühl von innerer Harmonie, Übereinstimmung und eben Stimmigkeit anzustreben. (Auch chronische Beschwerden können ein Zeichen dafür sein, nicht mit sich kohärent zu leben.) Der Psychologe AARON ANTONOVSKY hat dieses Gefühl von Stimmigkeit, von Kohärenz auf das ganze Leben übertragen und dabei den „sense of coherence" erforscht. Er versteht unter Kohärenz ein identitätssicherndes Empfinden der „Lebensganzheit", in dem ein positives Bild der eigenen Handlungsfähigkeit, die Gewissheit der eigenen Handlungskompetenz und das sichere Wissen um die Sinnhaftigkeit des eigenen Lebens zusammenfließen (ANTONOVSKY 1987, 1997).

Nach ANTONOVSKY umfasst Kohärenz folgende drei Komponenten:

▶ *Verstehbarkeit*: Die Fähigkeit, dass man die Zusammenhänge des Lebens versteht – die Fähigkeit des Subjektes, die Ereignisse und Verläufe des eigenen Lebens trotz ihrer oftmals widersprüchlichen und verwickelten Struktur in einem (Lebenskontinuität vermittelnden) Ordnungsrahmen zu sortieren und so in einem übergreifenden biografischen Sinnzusammenhang zu stellen.

▶ *Handhabbarkeit*: Die Überzeugung, dass man das eigene Leben gestalten kann – das optimistische Vertrauen, die Veränderungen, Herausforderungen und Umbrüche des Alltags mit den verfügbaren personalen und sozialen Ressourcen bewältigen zu können.

▶ *Sinnhaftigkeit*: Der Glaube, dass man dem Leben einen Sinn geben kann – ein Gefühl der Sinnhaftigkeit und des Lebensgelingens, das sich vor allem dort einstellt, wo es dem Subjekt gelingt, Selbstansprüche und Identitätsziele in Lebensprojekte zu übersetzen, die ihm die Erfahrung authentischer (Selbst-)Wertschätzung vermitteln.

Das Kohärenzgefühl erweist sich als eine bedeutsame Ressource. Menschen, die ihr aktuelles Leben, ihre Biografie und ihre sozialen Netzwerke als stimmig und wertvoll erachten, verfügen über ein bedeutsames „inneres Kapital", das es ihnen ermöglicht, mit größerer innerer Stabilität durch das Leben zu gehen.

Betrachten Sie Ihr aktuelles Leben, Ihre Biografie und Ihre sozialen Verbindungen, so werden Sie feststellen, dass dabei Ihr Job, Ihr Arbeitsbereich eine große Rolle spielt. Es gilt also herauszufinden, auf welchem Weg Sie den Bereich Ihrer Arbeit als kohärent und sinnvoll erleben bzw. wie Sie sich einen kohärenten, sinnvollen und selbstbestimmten Arbeitsbereich schaffen können.

Eine Möglichkeit, mehr Kohärenz und Sinn in sein Leben zu bringen, ergibt sich aus den Arbeiten des Neurologen und Psychiaters VIKTOR FRANKL. Er sagt: *„Sinn-Erfüllung ist die Folge von Werte-Verwirklichung"* (FRANKL 2005). In FRANKLS

Verständnis ist Sinn eine sowohl individuelle wie situative Wertsetzung, die für jeden Augenblick im Leben aufs Neue entschieden und realisiert werden muss. Sinn macht das aus, was persönlich bedeutungsvoll und wertvoll ist. Etwas als wertvoll zu betrachten heißt, dass Sie dieser Sache, diesem Zustand, dieser Arbeitsaufgabe oder auch diesem Menschen Wichtigkeit zumessen und damit Bedeutung, also einen Wert geben. Sie werden sich also umso stimmiger fühlen, je eher Ihre berufliche Aufgabe in einem Bereich angesiedelt ist, der Ihnen wichtig erscheint, in dem es um für Sie wesentliche Dinge geht. Diese Stimmigkeit zu erfahren wird Ihnen aber erst gelingen, wenn Sie sich darüber klar sind, welches überhaupt Ihre Werte (im beruflichen Bereich) sind.

> **Wert** = ein persönlich erstrebenswerter Zustand, der für Sie im Leben wirklich wichtig und wesentlich ist.

2.2 Motivation verstehen: Das Wertesystem

Immer wenn Ihre Herausforderungen, Ihre Aufgaben, Ihre Arbeit etwas mit Ihren Werten zu tun haben, werden Sie sich stimmig und erfüllt fühlen. Doch wie oft ist dies tatsächlich der Fall? Oftmals ist es schwierig, sich darüber im Klaren zu sein, welche Themen, welche Inhalte, welche Ziele im eigenen (Arbeits-)Leben wirklich wichtig sind. Viele Menschen in unserer Gesellschaft sind sich ihrer persönlichen Werte nicht bewusst, und die Zeit, in der traditionelle Werte von Generation zu Generation weitergegeben wurden, gelebt und als stimmig empfunden wurden, ist vorbei. Den Wertesystemen, die Eltern, Religion, Kirchen, Parteien oder Gewerkschaften anbieten, fühlen sich nur wenige in der heutigen Zeit verpflichtet. Nichtsdestotrotz fällen Sie jede Entscheidung abhängig von Ihrem jeweiligen individuellen Wertesystem – bzw. tun Sie es nicht, fühlen Sie sich nicht stimmig mit Ihrem Tun, mit Ihrer Arbeit, mit Ihrem Leben. Aus dieser Spannung können ernsthafte Arbeitsstörungen, Blockaden und sogar Krankheiten entstehen. Daher ist es wichtig, das Thema Wertesystem einmal etwas genauer zu betrachten. Viele Frustrationen, Enttäuschungen, der Mangel an Erfüllung und das nagende Gefühl, das ganze Leben könnte völlig anders sein, lassen sich zu einem erheblichen Teil darauf zurückführen, nicht in Kongruenz mit seinem Wertesystem zu leben.

Die Veränderung, die eintritt, wenn ein Mensch nach seinen Standards lebt und seine Werte erfüllt sieht und nach ihnen leben kann, ist eine enorme Freude. Wer lebt und handelt, wie es nach seiner inneren Orientierung richtig ist, spürt diese Übereinstimmung. Selbstachtung, innere Stabilität und Stärke werden entwickelt. Wer nach seinen Werten lebt, ist schwerer zu manipulieren und lässt sich weniger leicht instrumentalisieren.

CHARLES KINGSLEY, englischer Schriftsteller und Theologe sagt: „*Wir benehmen uns, als ob Bequemlichkeit und Luxus unsere hauptsächlichen Bedürfnisse im Leben wären. Dabei brauchen wir, um glücklich zu sein, nur etwas, das uns mit Enthusiasmus erfüllt.*"

Finden Sie heraus, was Sie mit Enthusiasmus erfüllt!

Um Ihren individuellen Werten auf die Spur zu kommen, nehmen Sie Papier und Stift zur Hand und führen folgende Übungen durch. Wir werden uns der Klärung Ihres persönlichen Wertesystems stufenweise nähern. Als eine gute Vorbereitung empfehlen wir Ihnen, eine der beiden nachfolgenden Vorstellungsübungen auszuführen, bevor Sie sich dann anschließend auf die systematischen Schritte der Wertefindung einlassen.

„Szenario des Lebens"

Stellen Sie sich vor, es ist Ihr 75. Geburtstag. Sie sind ein vitaler, rundum zufriedener und glücklicher Mensch. Jemand hält bei Ihrer Geburtstagsfeier eine Rede, vielleicht ein guter Freund, eins Ihrer Kinder, ein ehemaliger Kollege – was sagt er über Sie und Ihr Leben? Was berichtet er über Sie als Mensch, über Ihre Arbeit, was Ihnen wichtig ist im Leben? Was wollen Sie gerne hören, welche Vorstellung macht Sie glücklich? Bitte versenken Sie sich für einige Zeit in dieses Bild und schreiben Sie dann diese Rede auf.
Oder:
Stellen Sie sich vor, zum Anlass Ihres 75. Geburtstags werden Sie vom lokalen Fernsehsender eingeladen, ein Interview zu geben. Dem Reporter ist bekannt, dass Sie ein rundum erfülltes und glückliches Arbeitsleben gelebt haben (oder immer noch leben!), auch darüber möchte er mit Ihnen sprechen. Schreiben Sie sich bitte fünf bis sieben Fragen auf, die Sie als Reporter dem Jubilar stellen würden. Dann wechseln Sie die Rolle, nehmen Stift und Papier und beantworten die Fragen – und lassen Sie sich überraschen, was Ihnen dazu alles einfällt!

Eigenes Wertesystem ermitteln

Die eigentliche Klärung des eigenen Wertesystems ergibt sich aus den **vier Schritten**:

1. Identifizierung der Werte
2. Rangfolge der Werte
3. Entscheidung, welche Werte stärker erlebt bzw. gelebt werden sollen
4. Bedeutungsgehalt dieser Werte

Schritt 1: Identifizierung der Werte

Berufliches Horrorszenario vs. optimales Szenario

Beschreiben Sie auf einem Blatt Ihren absoluten Horrorjob unter den schlimmsten Bedingungen, die Ihnen einfallen: Wo arbeiten Sie? Unter welchen Bedingungen? Wer und wie sind Ihre Kollegen? Wie ist Ihr Chef? Was tun Sie konkret? Wie sind Ihre Arbeitszeiten? Lassen Sie Ihrer Fantasie freien Lauf und kreieren Sie das absolut Schlimmste, was Sie sich als Arbeitsstelle vorstellen können! Steigern Sie alles, was Sie derzeit bei der Arbeit als unangenehm empfinden, ins Extreme. Lesen Sie sich Ihre Beschreibung mehrmals durch und lassen Sie sie auf sich wirken.

Nun teilen Sie bitte eine DIN-A4-Seite oder ein Word-Dokument in Ihrem Computer durch einen senkrechten Strich in zwei gleich große Hälften und beschreiben Sie auf der linken Hälfte Ihr optimales Jobszenario – erfinden Sie das Beste, was Ihnen überhaupt jemals widerfahren könnte! Wo arbeiten Sie? Mit wem? Wie ist Ihr Chef? Haben Sie überhaupt noch einen Chef? Welchen Tätigkeiten gehen Sie nach? Wie viel verdienen Sie? Wie sind die Arbeitsbedingungen? Mit welchen Themen beschäftigen Sie sich? Nehmen Sie sich so lange Zeit für dieses Szenario, bis Sie das Gefühl haben, dass Ihnen nichts Besseres mehr einfällt.

Diese beiden entgegengesetzten Vorstellungen haben den Sinn, auch tiefer liegende Emotionen in Bewegung zu setzen. Die nachfolgende Werterecherche wird nur dann zu weiteren Erkenntnissen führen, wenn Sie sich auch gefühlsmäßig intensiv auf die Auswahl Ihrer Werte einlassen und 100 % ehrlich vor sich selbst (niemand sollte Ihnen bei dieser Übung über die Schulter schauen) entscheiden, was Ihnen tatsächlich wichtig ist.

Wir übernehmen unsere Werte immer von anderen Menschen, die meisten unbewusst, wenn wir noch ganz jung sind.

Sei es, dass uns diese Menschen mit einem oder mehreren Werten begeistern, und wir daher diese Werte für uns ebenfalls für wichtig erachten, sei es, dass wir in Opposition gehen und uns fest vornehmen, so wie dieser Mensch auf keinen Fall zu werden. Oder schlicht, weil wir den Erwartungen anderer entsprechen möchten, um Nachteile zu vermeiden oder Vorteile zu erlangen. Ein anderer Ursprung von Werten liegt in Situationen, in denen uns etwas vorenthalten wird, dieses dadurch eine ganz besondere Wichtigkeit erlangt. Wir nehmen uns dann vor, später, wenn wir erwachsen sind, darauf zu achten, dass niemand mehr in diesem Bereich uns etwas versagt. Überängstliche Eltern halten aus nachvollziehbarem Interesse ihre Kinder von allen Situationen fern, die gefährlich werden könnten. Eine genauso nachvollziehbare Reaktion des Kindes besteht darin, sobald die Eltern es nicht mehr verhindern können, sich in besonders riskanten Situationen zu bewähren.

So kommt es, dass wir einen Großteil unserer Entscheidungen gar nicht aus uns selbst heraus treffen, sondern danach ausrichten, welchen Wertevorstellungen und Erwartungen anderer wir entsprechen möchten. Achten Sie bei der Auswahl Ihrer Werte bei Tabelle 1 bei jedem einzelnen Wert darauf, ob Sie auch heute noch zu den Werten stehen, die Sie einst von Ihren Eltern, Geschwistern, Großeltern, Partnern, Schulfreunden, Arbeitskollegen, Chefs, Prominenten etc. übernommen oder in Opposition entwickelt haben. Eventuell ist auch eine Auswechselung eines Werts angezeigt. In der Regel werden es nur einzelne, wenige Werte sein, die eines Austauschs bedürfen, da sich das von Ihnen entwickelte Wertesystem in vielen Bereichen Ihres Lebens als sinnvoll erwiesen hat. Es kann also nicht darum gehen, ein komplett neues Wertesystem zu entwickeln. Es geht, wie bei vielen anderen

Aspekten in diesem Buch, vielmehr um eine Optimierung, einen höheren Grad an Selbstbestimmung.

Erwartungen von anderen klären

Machen Sie sich bewusst, was die wichtigsten Menschen in Ihrem Leben von Ihnen im Hinblick auf Ihre Arbeitssituation erwarten, und schreiben Sie es auf. Wenn Sie sich nicht ganz sicher sind, fragen Sie einfach nach. Damit erlangen Sie Klarheit darüber, aus welchen Werten heraus Ihre Motivation derzeit gespeist wird. Sie können sich dann entscheiden, ob Sie damit weiter einverstanden sind oder welche Alternativen in Zukunft wichtiger sein sollen.

Dann beginnt die Werterecherche: Analysieren Sie jetzt bitte, welche Werte hinter jedem Ihrer Wünsche bezüglich Ihres Idealjobs stecken, und notieren Sie diese auf der noch leeren Hälfte Ihres Blattes. Haben Sie z. B. geschrieben, Sie können am Arbeitsplatz tun und lassen, was Sie wollen, so steckt hinter diesem Wunsch das Bedürfnis nach Handlungs- und Entscheidungsfreiheit und Unabhängigkeit. Sieht Ihr idealer Job so aus, dass Sie jeden Tag um 16 Uhr nach Hause gehen können, um sich um Ihre Kinder oder Hobbys zu kümmern, ist für Sie ein wichtiger Wert Familie, Partnerschaft und/oder ein lockeres Arbeitsklima. Durchkämmen Sie nun Ihre Beschreibung und filtern Sie für Sie wichtige Werte im Hinblick auf Ihre Arbeit heraus.

Als Nächstes clustern Sie Themenblöcke heraus. Vergleichen Sie diese nun mit der Werteliste „Berufliche Werte" (Tabelle 1) und arbeiten Sie im Zusammenhang mit Ihrer Wunschliste ca. zehn für Sie zutreffende Werte heraus.

Lassen Sie sich durch diese Liste anregen, die Sie gerne durch Werte, die noch nicht enthalten sind, ergänzen können (in Anlehnung an HUHN/BACKERRA 2007).

Anerkennung	interessante Aufgabe	Freiheit	Zeit für Privatleben
Erfolg	Weiterbldung	Kreativität	Experte sein
einflussreiche Stellung	ökologische Orientierung	Faszination	Harmonie
hoher Verdienst	Loyalität	Abenteuer	andere unterstützen
Sicherheit	gute Arbeitsbedingen	Unabhängigkeit	Kontakt mit Menschen
Spaß	Arbeiten im Team	Selbstverwirklichung	Begeisterung
Aufstiegschancen	Bequemlichkeit	Kompetenz	Neugier
Wettbewerb	Struktur	Abwechslung	körperliche Betätigung
Risiko	Ordnung	eigenständiges Arbeiten	lockeres Arbeitsklima
Freundschaft	Menschen überzeugen	Entscheidungsfreiheit	involviert sein
Verantwortung übernehmen	Herausforderungen	Handlungsfreiheiten	angesehene Firma
hohes Tempo	Gemeinschaft	Gerechtigkeit	Status
Teamarbeit	gute Bezahlung	gesellschaftliches Ansehen	Aufstiegschancen
…			

Tabelle 1: *Berufliche Werte*

Schritte 2 und 3: Rangfolge der Werte bestimmen und entscheiden, welche Werte stärker erlebt bzw. gelebt werden sollen

Was sind für Sie die wichtigsten Werte? Bringen Sie die zehn ausgewählten Werte in eine entsprechende Rangfolge.

Sehen Sie sich die fünf Werte an der Spitze an – in welcher Ausprägung leben Sie diese in Ihrem Beruf, in Ihrer aktuellen beruflichen Tätigkeit? Sehen Sie genau hin, nehmen Sie sich Zeit für diese Reflexion.

Suchen Sie sich nun drei Werte heraus, die Sie in Zukunft stärker in Ihrem Arbeitskontext leben wollen, und schreiben Sie diese auf ein neues Blatt.

Schritt 4: Bedeutungsgehalt der Werte bestimmen

Überlegen Sie sich jetzt, was der jeweilige Wert für Sie bedeutet. Welche Assoziationen, Erfahrungen, Gefühle verbinden Sie mit diesem Wert?

Was bedeutet für Sie die Erfüllung dieses Wertes? Ergänzen Sie die folgenden drei Sätze mit Ihren eigenen Worten:

(1. Wert) … bedeutet für mich, dass …

(2. Wert) … bedeutet für mich, dass …

(3. Wert) … bedeutet für mich, dass …

Die Beschreibung der Bedeutung eines Wertes, der zurzeit entweder noch gar nicht oder nicht ausreichend erlebt bzw. gelebt wird, ist nichts anderes als die Formulierung eines Wunsches. Damit ein Wunsch Wirklichkeit werden kann, braucht unser „Realisierungssystem" jedoch ein klares Bild dessen, was geschaffen werden soll. Im vierten Kapitel können Sie den hier begonnenen Prozess fortsetzen und aus dem

Wunschbild klare Zielvorstellungen entwickeln. Zuvor sollten wir die Kräfte kennenlernen, die uns die notwendige Energie zur Verwirklichung unserer Wünsche liefern.

Primäres und sekundäres Antriebssystem

DIETMAR HANSCH, Arzt und Psychotherapeut, hat in den letzten Jahren ein differenziertes Motivationsmodell entwickkelt, in dem er zwei Arten von Motivation beschreibt. Zum einen die primäre Motivation, die von physiologischen und psychologischen Bedürfnissen wie Hunger, Durst oder z. B. von dem Wunsch nach Anerkennung herrührt. Diese Bedürfnisse erzeugen Gefühle und diese wiederum Antriebe. Werden die Bedürfnisse befriedigt, verschwinden die Antriebe. Es herrscht – zumindest für eine gewisse Zeit in diesem Bereich – innere Ruhe.

Zum anderen gibt es ein sekundäres Motivationssystem. Es funktioniert nach eigenen, anderen Gesetzen. Die Antriebe in diesem System werden unter anderem vom Wunsch nach Sinn, Glückserfahrung oder Selbstverwirklichung gespeist. Jedes Gelingen eines Vorhabens, jedes Verstehen von zunächst unklaren Zusammenhängen führt zu einer Verstärkung, zu einer positiven Rückkoppelung. Die damit verbundenen Gefühle von Stolz, Freude, Glück veranlassen uns, die Tätigkeit weiter fortzusetzen. Hier erlischt der Antrieb also nicht, nachdem eine gewisse Sollgröße erreicht ist. Innerhalb dieses Systems gibt es nämlich keine Sollgrößen, sondern das Bestreben ist auf eine ständige Optimierung ausgerichtet. Der Antrieb erfährt also sogar eine Verstärkung. Ob wir den Weg der Optimierung gehen oder in einem langweiligen Istzustand verharren oder gar in eine negative Abwärtsspirale geraten sind, meldet uns unsere innere Stimme, unser Stimmigkeitsgefühl in jedem Moment unseres Lebens (HANSCH 2004).

CSIKSZENTMIHALYI hat in den letzten 40 Jahren die Aufwärtsbewegung in einer positiven Verstärkung bei Menschen untersucht, die einen intuitiven Zugang zu ihrem Wertesystem haben und in einer hohen Übereinstimmung mit ihrem Wertesystem leben. Diese Menschen haben fortlaufend Glückserfahrungen als Begleiterscheinung ihrer Tätigkeit. Meistens haben sie, nach dem Empfinden dieser Erfahrung befragt, mit Begriffen geantwortet, die körperlich eine Leichtigkeit, ein Schweben, ein Surfen auf einer Welle und immer wieder ein angenehmeres Fließen zum Ausdruck brachten. Dieses Bild des angenehmen Fließens – englisch *flow* – hat dazu geführt, dass die Erkenntnisse CSIKSZENTMIHALYIS und inzwischen vieler anderer Forscher, die weltweit diese Untersuchungen weitergeführt haben, unter dem Begriff Flow zusammengefasst werden. Das Flow-Gefühl ist die intensive Rückkoppelung unseres Systems, dass wir das Richtige tun, dass wir auf dem richtigen Weg sind, dass wir unsere Werte verwirklichen und in Stimmigkeit leben. Durch die Erkenntnisse CSIKSZENTMIHALYIS sind diese großartigen Momente des Lebens nun nicht mehr allein vom Zufall abhängig, sondern wir können sie mithilfe unseres Bewusstseins – und einer gewissen Portion Selbstdisziplin –, wann immer wir wollen, in unser Leben hereinholen (CSIKSZENTMIHALYI 2002).

2.3   Flow: die optimale Erfahrung

Wann haben Sie sich als eins mit Ihrem Tun erlebt, dabei Raum und Zeit vergessen, sich als völlig selbstvergessen erlebt? Gönnen Sie sich wieder einige Minuten der Entspannung, lassen Sie Erinnerungen an diese außergewöhnlichen

Momente auftauchen und halten Sie diese Erinnerungen schriftlich fest. Die Aktivierung von Erinnerungen ist das einfachste Mittel, dafür zu sorgen, dass sich künftig häufiger diese Momente der Freude und des Glücks in Ihrem Leben einstellen.

CSIKSZENTMIHALYI beschreibt in seinem Konzept, dass Menschen am glücklichsten sind, wenn sie diesen Flow-Zustand erreichen. Der Flow-Zustand ist der optimale Zustand intrinsischer Motivation, in dem eine Person vollständig verwoben und versunken ist mit dem, was sie gerade tut. Es ist ein Gefühl, das jeder irgendwann hat, charakterisiert durch ein Gefühl großer Freiheit, Freude, Erfüllung und Kompetenz. Zeitweilige Befindlichkeiten wie Hunger, Zeitstress oder ablenkende Bestrebungen werden ignoriert, ja nicht einmal wahrgenommen.

In einem Interview mit dem Magazin „Wired" ergänzt CSIKSZENTMIHALYI seine Beschreibung des Flow-Zustandes: *„Jede Aktion, Bewegung und jeder Gedanke folgt wie selbstverständlich aus dem Vorangegangenen, wie bei einer Jazz-Session. Das ganze Sein ist involviert, und man nutzt seine Fähigkeiten bis zum Äußersten."*

Nach den Forschungen von CSIKSZENTMIHALYI spielt die Erfahrung,

▶ das Gelingen einer Handlung zu erleben,
▶ ein tieferes Verständnis der Zusammenhänge zu erlangen,
▶ im Einklang mit sich und der Welt zu sein und
▶ sein Schicksal in die eigene Hand nehmen zu können,

beim Flow-Erleben die entscheidende Rolle. Flow kann verstanden werden als Ausdruck von Freude, wenn uns etwas gelingt, das uns herausgefordert hat und schwierig war. Prinzipiell kann jeder Flow erreichen, sei er Künstler, Manager,

Hausfrau oder Fließbandarbeiter. Das Ausschlaggebende dafür ist die passende Balance zwischen der Schwierigkeit der Aufgabe und vorhandenen Fähigkeiten. So kann selbst eine alltägliche Arbeit wie das Putzen eines verschmutzten Fensters zu einer Flow-Erfahrung werden, wenn wir dies schneller schaffen als beim letzten Mal und zu unserer Freude feststellen, dass nun tatsächlich keine Streifen oder Flecken mehr auf der Scheibe zu entdecken sind. Ist die Herausforderung im Verhältnis zum Können zu hoch, geraten wir ins Feld der Überforderung, des Stresses, schließlich der Angst. Ist die Herausforderung zu niedrig, bewegen wir uns im Bereich von Kontrolle, Routine, Entspannung und Langeweile. Die Kunst, Herausforderung mit Fähigkeiten auf eine optimale Art und Weise zu verbinden, wird vom Körper bzw. dem Gehirn mit dem Flow-Gefühl belohnt (Bild 3) und zeigt uns dadurch das Erreichen der Kohärenz unverwechselbar an (siehe HUHN/BACKERRA 2007).

1. Die Fähigkeiten entsprechen der Herausforderung.
2. Bei wiederholter Bewältigung der gleichen Herausforderung: Flow und Zunahme der Fähigkeiten – Lernen.
3. Bei der Bewältigung der gleichen Herausforderung stellt sich nun Routine ein, da die Fähigkeiten zugenommen haben: Langeweile als Folge der **Unterforderung**.
4. Nun wird, ermuntert durch die vergangenen Flow-Erfahrungen, eine wesentlich größere Herausforderung gesucht, die im Beispielfall die Fähigkeiten übersteigt: Fehlschlag, Stress und Frust durch **Überforderung**.
5. Eine neue, angemessene Herausforderung wird gesucht: erneut Flow.

Eine Forschergruppe der Universität Mailand hat das in Bild 4 dargestellte erweiterte Flow-Modell entwickelt.

Dieses in Bild 4 dargestellte Modell ist insofern interessant, als es uns zwei weitere Felder erschließt. Erstens den Bereich, in dem wir unsere Tätigkeit vollständig beherrschen, aber keine Herausforderung mehr erleben, und zweitens den Bereich, in dem wir eine Tätigkeit so gut beherrschen, dass

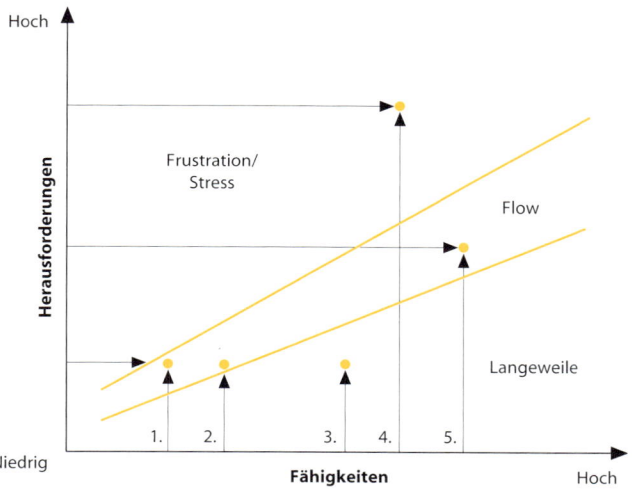

1. Die Fähigkeiten entsprechen der Herausforderung.
2. Bei wiederholter Bewältigung der gleichen Herausforderung: Flow und Zunahme der Fähigkeiten – Lernen.
3. Bei der Bewältigung der gleichen Herausforderung stellt sich nun Routine ein, da die Fähigkeiten zugenommen haben: Langeweile als Folge der **Unterforderung**.
4. Nun wird, ermuntert durch die vergangenen Flow-Erfahrungen, eine wesentlich größere Herausforderung gesucht, die im Beispielfall die Fähigkeiten übersteigt: Fehlschlag, Stress und Frust durch **Überforderung**.
5. Eine neue, angemessene Herausforderung wird gesucht: erneut Flow.

Bild 3: *Der Flow-Kanal*

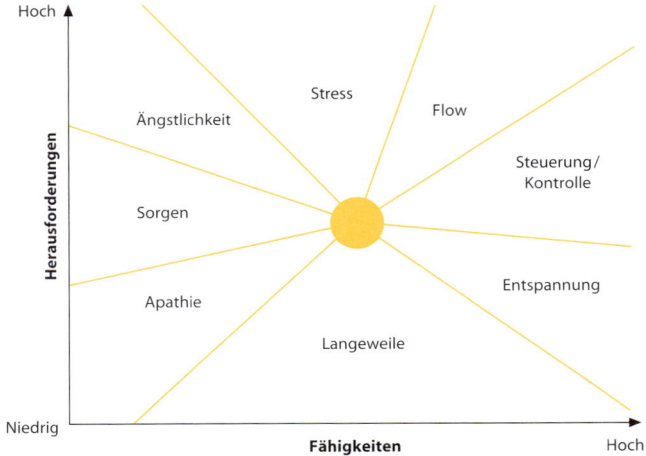

Bild 4: *Erweitertes Flow-Modell*

wir sie gleichzeitig automatisch ausführen können. Aktivitäten in diesen Feldern vermitteln ein angenehmes Gefühl von Sicherheit, beruhen aber auf der Tatsache, dass wir unsere Fähigkeiten wieder und wieder in einem eng umrissenen Rahmen einsetzen, letztlich aber unterfordert sind. Dies führt mittelfristig und langfristig immer in das Feld der Routine und Langeweile hinein. Es gibt kein stabiles Verharren in diesem Zustand und manchmal ist es ein weiter Weg, diese Bequemlichkeit aufzugeben, sich neuen Herausforderungen zu stellen und die nötige Lernarbeit zu leisten, um sie bewältigen zu können. Dies aber ist erforderlich, um wieder Freude und Befriedigung zu erleben. Es ist gewissermaßen Arbeit gegen die Schwerkraft nötig, um Flow-Momente zu erleben.

Ebenso problematisch sind auch die beiden Felder oberhalb des Flow-Kanals. Wenn wir uns ständig überfordern, erleben wir Stress und Misserfolge und werden zunehmend ängstlicher. Irgendwann strengen wir uns nicht mehr an, um Erfolge zu erzielen, sondern kämpfen gegen den Misserfolg. Häufen sich die Fehlschläge, geraten wir schließlich in einen Zustand existenzieller Sorgen und schlimmstenfalls in einen inaktiven Zustand der Apathie.

Sehen Sie sich die Bilder 3 und 4 an und fragen Sie sich, in welchem Feld Sie sich bei Ihrer alltäglichen Arbeit vor allem befinden und: Bei welchen Tätigkeiten fühlen Sie sich im Flow?

Wenn Sie Ihre Herausforderungen dort suchen, wo Sie Ihre Wünsche und damit Ihre Werte verwirklichen, erzielen Sie sogar einen doppelten Glückseffekt: Die Freude über das Gelingen verbindet sich mit der tiefen Genugtuung, einen oder mehrere Werte verwirklicht zu haben.

3 Freude im Alltagshandeln

3.1 Achtsamkeit und Präsenz

> *„Die wichtigste Stunde ist immer die Gegenwart,*
> *der bedeutendste Mensch ist immer der,*
> *der dir gerade gegenübersteht,*
> *und das notwendigste Werk ist immer die Liebe."*
> MEISTER ECKHART, dt. Theologe, Mystiker, Philosoph

Das „Holzholen", um die Metapher des Ofens noch mal aufzugreifen, kann durchaus viel Freude und Spaß bringen – wenn man sich wirklich darauf einlässt. Auf dem Weg durch den Wald begegne ich Menschen, mit denen ich mich austauschen kann; während ich das Holz einsammle, kann ich die frische Luft, die Natur und die schöne Landschaft um mich herum genießen. Unterwegs können Dinge passieren, die mir neue Erfahrungen und Einsichten bescheren, an die ich vorher nie gedacht hätte. Will ich die schönen Seiten des Holzholens wahrnehmen, brauche ich nur meine Augen zu öffnen und bewusst aufzunehmen, was vor mir liegt. Mit Präsenz und Achtsamkeit nehme ich das Wesentliche wahr.

Was heißt Präsenz? Was können Sie tun, um präsent und achtsam zu sein? Präsenz bedeutet zum einen, dass Sie völlig bewusst im Hier und Jetzt sind. Sie sind präsent, wenn Sie alles, was vor Ihren Augen geschieht, betrachten und eine Art tiefen Zuhörens entwickeln. Präsenz setzt eine Offenheit voraus, die es Ihnen erlaubt, über Vorurteile und gewohnte Denkmuster hinaus neue Erkenntnisse aus dem Gegenwärtigen – für die gegenwärtige Situation – zu finden. Folgen Sie gedankenlos alten Regeln oder handeln Sie mechanisch in der Wiederholung früher gesammelter Erfahrungen, fallen Ihnen neue Schritte schwer. Nutzen Sie vor allem Lösungen von gestern, sind Sie nicht offen für den jetzigen Moment und die neue Lösungsaufforderung, die dieser in sich tragen mag.

Identifizierung mit der Vergangenheit sowie das Bedürfnis nach Kontrolle sind das Gegenteil und zugleich ein Hindernis von Präsenz. Traditionelle Weltbilder können beim ersten Blick Sicherheit bedeuten, weil sie den Eindruck vermitteln, die Welt besser kontrollieren zu können. Aber wie kann man etwas wie das Leben kontrollieren, das permanent in Bewegung ist? *„Immer wenn wir glauben, etwas schon zu wissen, sind wir nicht mehr präsent"*, meint die Sozialpsychologin ELLEN LANGER. Präsenz ist somit eine grundsätzliche Offenheit dem Leben gegenüber. Sind Sie bewusst und offen für den Wandel des Lebens, lassen Sie zu, dass Veränderungen stattfinden und Sie daran teilhaben? Mit dieser Einstellung bewirken Sie eine Erweiterung Ihres Bewusstseins, weil Sie nicht die Vergangenheit wiederholen. Sie sind ein aktiver Teil der gestaltenden Kräfte, die eine neue Situation hervorbringen. Sie sind präsent und achtsam, indem Sie sich über Ihre gegenwärtige Situation völlig im Klaren sind.

 Nicht präsent sein bedeutet Stagnation

Tun Sie mehrere Dinge gleichzeitig oder routiniert, steuern Sie eingeschliffene Gewohnheiten oder beziehen Sie Lösungen immer nur aus einer Quelle, sind Sie nicht präsent und achtsam. Die Möglichkeit zur Veränderung ist somit nicht gegeben.

Das Konzept der Achtsamkeit beruht auf vier Komponenten:

▶ Bewusstheit,
▶ Konzentration und Fokussierung auf den gegenwärtigen Moment,

▶ Neutralität,
▶ Perspektivwechsel.

Wir sind uns bewusst, dass wir etwas Bestimmtes tun, Bestimmtes denken, Bestimmtes fühlen, Bestimmtes sagen. Beim Arbeiten heißt das, Sie sind sich bewusst, was Sie gerade tun und warum (Bewusstheit).

Ihre Aufmerksamkeit wird nicht durch Grübeleien, zufällige Gedanken oder Zukunftssorgen abgelenkt, sondern Sie sind sich Ihrer Gefühle, Gedanken, Motive und auch Ihrer Umgebung bewusst. Brauchen Sie Raum zum Nachdenken über ein Thema, nehme Sie sich dafür die Zeit (Konzentration und Fokussierung).

Sie begegnen jeder innerlichen und äußerlichen Erfahrung in einer neutralen Haltung, ohne sie im Lichte vergangener Erlebnisse und Vorurteile zu beurteilen und zu bewerten, auch wenn Ihnen das Wahrgenommene bereits bekannt vorkommt und Sie gerne auf Vergangenes zurückgreifen möchten. Sie registrieren die Geschehnisse so, wie sie sind, ohne alte Gedanken oder Gefühle daran zu koppeln (Neutralität).

Ablenkende Gedanken notieren

Wenn Sie merken, dass Sie bei einer Tätigkeit ständig von vermeintlich wichtigen Gedanken abgelenkt werden, legen Sie sich ein leeres Notizblatt bereit und halten Sie kurz und knapp die heranschwirrenden Gedanken fest. Egal, ob es ein anstehender Telefonanruf ist, dass Sie dringend Milch und Brot kaufen müssen oder ein Geburtstagsgeschenk für eine Freundin kaufen wollten. Sie werden sehen, dass Ihnen diese Themen für die nächste Zeit nicht mehr in den Sinn kommen werden. Sie können sich zu einem späteren Zeitpunkt damit befassen.

Seien Sie sich bewusst, dass Ihre Perspektive nur *eine* Sichtweise von vielen ist. Möglicherweise ist sie einengend oder verschließt das Erkennen anderer Aspekte der Realität. In dem Moment, in dem Sie achtsam und bewusst sind, öffnen Sie sich neuen Perspektiven und Sie bereiten Ihr Bewusstsein auf die Aufnahme neuer Sichtweisen vor, die Sie noch nicht kennen (Perspektivwechsel).

Präsenz und Achtsamkeit stärken

Was Sie konkret tun können, um mehr Präsenz und Achtsamkeit in Ihr Leben zu bringen: Atmen Sie einmal tief durch und beantworten Sie sich dann folgende Fragen:
- Was fühle ich gerade?
- Worüber denke ich im Augenblick nach?
- Was beschäftigt mich gerade?
- Was tue ich gerade?
- Wo bin ich?
- Welche weiteren Personen sind noch anwesend?
- Was machen diese Personen?
- Was empfinden diese Personen?

Mit diesen Fragen richten Sie Ihren Blick **nach innen**, aber **gleichzeitig auch nach außen**. Machen Sie mehrmals am Tag eine kleine Pause und stellen Sie sich diese Fragen – damit üben Sie, im jetzigen Moment präsent zu sein.

Den Blick **nach außen** können Sie **erweitern**, indem Sie sich fragen:
- Was sehe ich?
- Welche Farben sehe ich?
- Was gibt es in meiner Umgebung für Kleinigkeiten und Details, die mir noch nie aufgefallen sind?
- Was höre ich? Was für Geräusche nehme ich wahr?
- Was rieche ich?
- Was schmecke ich?

Mit diesen Fragen konzentrieren Sie sich auf Ihre Umgebung.

Perspektivwechsel kann aber auch bedeuten, dass Sie sich aus der horizontalen Sichtweise in die vertikale bewegen und sich selbst und Ihre Umgebung aus der Vogelperspektive betrachten (siehe auch Kapitel 5.3). Wenn Sie das bewusst tun, können Sie sich aus diesem Zustand der Präsenz gleichzeitig auch in die Perspektive der Vergangenheit und der Zukunft bewegen. Sie können sich fragen:

▷ Warum tue ich, was ich gerade tue?
▷ Was sind meine Motive hinter meiner Handlung?
▷ Was will ich in der Zukunft erreichen, wohin bewege ich mich?

Eine Geschichte:
Ein Mann, der einmal gefragt wurde, warum er trotz seiner vielen Beschäftigungen immer so glücklich sein könne, wusste über die Vorteile von Präsenz Bescheid. Seine Antwort lautete:
„Wenn ich stehe, dann stehe ich,
wenn ich gehe, dann gehe ich,
wenn ich sitze, dann sitze ich,
wenn ich esse, dann esse ich,
wenn ich liebe, dann liebe ich …"
Dann fielen ihm die Fragesteller ins Wort und sagten:
„Das tun wir auch, aber was machst du darüber hinaus?"
Er sagte wiederum:
„Wenn ich stehe, dann stehe ich,
wenn ich gehe, dann gehe ich,
wenn ich …"
Wieder sagten die Leute:
„Aber das tun wir doch auch!"
Er aber sagte zu ihnen:
„Nein, wenn ihr sitzt, dann steht ihr schon,
wenn ihr steht, dann lauft ihr schon,
wenn ihr lauft, dann seid ihr schon am Ziel."

 Zehn Steinchen

Stellen Sie sich vor, Sie hätten zehn Steinchen vor sich liegen. Zehn Steinchen bedeuten 100 % Präsenz und Achtsamkeit: Sie sind mit voller Konzentration und Aufmerksamkeit bei der Aufgabe, die Sie gerade erledigen. Kein Steinchen bedeutet 0 % Präsenz und Achtsamkeit: Sie sind völlig in andere Gedanken versunken und starren vor sich hin. Nehmen Sie nun zehn Steinchen und stecken Sie sie in ein Säckchen, das Sie in Ihrer Hosen- oder Handtasche mitführen können. Beobachten Sie sich in Ihrem Arbeitsalltag: Wann sind Sie wirklich mit zehn Steinchen dabei? Fragen Sie sich bei der Bearbeitung von Aufgaben, bei Gesprächen, bei sämtlichen Tätigkeiten, die mit Ihrer Arbeit zu tun haben, mit wie vielen Steinchen Sie gerade dabei sind – und entscheiden Sie sich immer öfters bewusst, mit zumindest neun bei einer Sache zu sein. In der Pause können Sie dann richtig entspannen, d.h., Sie schalten um und schenken dem Thema keine Aufmerksamkeit mehr (null Steinchen), dafür genießen Sie Ihre Pause in vollen Zügen und schenken ihr Ihre ganze Präsenz und Aufmerksamkeit (zehn Steinchen).

Die Aufmerksamkeit lenken

Notieren Sie sich jeden Abend auf einem Zettel oder in ein spezielles Büchlein drei Dinge, über die Sie sich an diesem Tag besonders gefreut haben oder für die Sie dankbar sind. Heben Sie die Zettel an einem besonderen Ort auf oder sammeln Sie sie in einer hübschen Kiste und bemerken Sie, wie sich Ihre Achtsamkeit immer mehr auf ganz spezielle freudige Momente in Ihrem Leben richtet. Das Schmökern in Ihrer Sammlung wird Ihnen immer wieder Kraft und Freude bereiten!

3.2 Commitment leben: „In everything you do, your love shines through …"

Sind Sie präsent und achten auf die positiven Aspekte, die Ihre Arbeit mit sich bringt, gelingt es Ihnen besser, sich dabei mit mehr Freude und Engagement einzubringen. Sie können sich Ihrer Arbeit einfacher verpflichten bzw. „committen". Achtsamkeit und Präsenz unterstützen Ihr Commitment bei der Arbeit.

Der englische Begriff Commitment meint weit mehr als nur die Selbstverpflichtung, mit der er in der Regel übersetzt wird. Commitment umfasst sowohl die drei Säulen der Selbstverantwortung – freie Wahl, initiatives Wollen und kreative Antwort – als auch das Versprechen, etwas zu tun. *„Es ist gleichzeitig Selbst-Verantwortung auf der Handlungsebene und Selbst-Verpflichtung auf der Bewusstseinsebene"* schreibt R. Sprenger (1995). Unter Commitment versteht man, ein 100%iges Ja zu etwas zu sagen, in diesem Fall zu Ihrer Tätigkeit. Es ist eine Bejahung aus vollem Herzen. Sie handeln mit Commitment, indem Sie mit Liebe und Hingabe tun, was zu tun ist. Sie sind bereit, voll zu dem zu stehen, was Sie machen. Sie erkennen das, was ist, bedingungslos an und noch wichtiger: Sie entscheiden sich bewusst, den Weg, den Sie gehen wollen, zu gehen. Der französische Schriftsteller S. Chamfort hat einmal gesagt: *„Die Vernünftigen halten bloß durch; die Leidenschaftlichen leben."*

Wenn Sie meinen, Sie sind absolut nicht in der Lage, ein herzliches und ehrliches Ja zu Ihrem momentanen Job sagen zu können, können Sie zwei weitere Wege wählen, wie im Motto „love it, change it or leave it" deutlich wird. Wenn Sie aus irgendwelchen Gründen Ihre Arbeit nicht verlassen können oder wollen, ändern Sie Ihre Einstellung dazu und steigen

Sie voller Energie, Achtsamkeit und Motivation ein. Nach dem alten Ursache-Wirkungs-Gesetz und dem Output-Input-Modell erhalten Sie von Ihrem Job das zurück, was Sie in jedem Augenblick hineingeben. Wenn Ihnen gewisse Dinge bei Ihrer Arbeit nicht gefallen, ändern Sie die Umstände oder Konditionen. Sind Sie nicht in der Lage, entsprechende Veränderungen vorzunehmen, und wollen oder können Sie Ihre Einstellung nicht ändern, dann verlassen Sie Ihren Arbeitsplatz, suchen sich einen neuen Job oder machen sich selbstständig.

3.3   Optimismus lernen

> *„Die Dinge an sich sind weder gut noch böse,*
> *erst unsere Gedanken machen sie dazu."*
>
> EPIKTET

Der Optimistentest Teil I

Bitte schreiben Sie sich fünf Aussagen auf, die Sie und Ihre Arbeit betreffen, z. B.:„Mein Chef meint es gut mit mir." Oder:„Die letzte Zeit hatte ich Pech, alles ging schief." Schreiben Sie diese Aussagen jetzt auf, bevor Sie weiterlesen.

Auf Ihren Blickwinkel auf die Dinge kommt es letztendlich an, ob Sie Ihren Arbeitsalltag sinnvoll und selbstbestimmt erleben oder nicht. Nach MARTIN SELIGMAN (Mitbegründer der Positiven Psychologie) unterscheiden sich Optimisten von Pessimisten dadurch, dass sie für beliebige Situationen ihres Lebens grundsätzlich unterschiedliche Erklärungen bzw. Rechtfertigungen haben, warum sie in solche Situationen geraten sind. Er unterscheidet diese Erklärungen nach den Kriterien von Dauerhaftigkeit, Geltungsbereich und Personalisierung.

Pessimisten halten die Ursachen für unangenehme Ereignisse für dauerhaft und bleibend, Optimisten dagegen für zeitweilig und vorübergehend:

Optimistisch (zeitweilig)	Pessimistisch (dauerhaft)
Diese Aufgabe erschöpft mich gerade.	Diese Aufgabe macht mich total fertig.
Mein Kollege redet in letzter Zeit nicht mit mir.	Mein Kollege redet nie mit mir.

Umgekehrt sind Optimisten eher davon überzeugt, dass angenehme Ereignisse dauerhafte Gründe haben, während Pessimisten vom Gegenteil ausgehen. Beispiele dafür sind:

Optimistisch (dauerhaft)	Pessimistisch (zeitweilig)
Mir gelingt es immer, ein konstruktives Gespräch mit meinem Vorgesetzten zu führen.	Heute habe ich mal Glück gehabt, dass ich ein gutes Gespräch mit meinem Vorgesetzten führen konnte.
Ich bin begabt.	Ich habe gerade eine gute Phase.

Das Kriterium Geltungsbereich weist darauf hin, dass Pessimisten generalisieren bzw. Fehlschläge in *einem bestimmten* Bereich ins Allgemeine übertragen, während in der Perspektive eines Optimisten *ein spezifischer* Fehlschlag andere Bereiche seines Lebens nicht beeinflussen kann:

Optimistisch (spezifisch)	Pessimistisch (global)
Ich komme mit diesem Kollegen einfach nicht klar.	Ich komme mit meinen Kollegen einfach nicht klar.
Dieses Buch ist nutzlos.	Bücher sind nutzlos.

Wie bei der Dauerhaftigkeit verhält es sich bei *positiven Vorkommnissen und Eigenschaften* genau umgekehrt. Optimisten glauben, dass sich erfreuliche Ereignisse auf alles andere positiv auswirken, Pessimisten stattdessen, dass erfreuliche Ereignisse nur das Ergebnis ganz bestimmter, spezifischer Umstände sind. Beispiele dazu:

Optimistisch (global)	Pessimistisch (spezifisch)
Ich bin gut.	Ich bin gut im Verkauf.
Mein Finanzberater kennt sich in der Wall Street gut aus.	Mein Finanzberater kennt sich bei Ölaktien gut aus.

Pessimisten neigen dazu, alles persönlich zu nehmen. Für alles, was schiefläuft, geben sie sich selbst die Schuld und haben daher ein schwächeres Selbstwertgefühl als Optimisten, die im Gegensatz die Gründe für Fehlschläge eher bei anderen Menschen oder den Umständen suchen:

Optimistisch (external)	Pessimistisch (internal)
Ich habe kein Glück bei diesem Job.	Ich habe kein Talent für diesen Job.
Ich hatte keine einfache Kindheit.	Ich bin unsicher.

Schließlich gilt bei erfreulichen Ereignissen genau das Gegenteil. Optimisten halten sich für fähig, Gutes herbeizuführen, während Pessimisten glauben, dass Gutes äußerlichen Faktoren (Menschen oder Umständen) zu verdanken sei. Beispiele:

Optimistisch (internal)	Pessimistisch (external)
Ich kann günstige Umstände gut nutzen.	Ein Glückstreffer …
Meine Fähigkeiten …	Die Fähigkeiten meiner Mitarbeiter …

Nach SELIGMAN (2001) kann man eine optimistische Lebenseinstellung erlernen, sie ist nichts anderes als eine Praktik, die sich auch jeder eher pessimistisch eingestellte Mensch aneignen kann. Die Kriterien von *Dauerhaftigkeit*, *Generalisierung* und *Personalisierung* sind eine große Hilfe, um die Aufmerksamkeit auf unsere Sprache und folglich auf unsere Denkmuster, die durch die Sprache zum Ausdruck gebracht werden, zu schärfen und um die nötigen Umkehrungen vorzunehmen, die uns befähigen, jeden Aspekt, jedes Ereignis unseres Lebens von der positiven Seite zu sehen. Optimismus ist nicht direkt nur mit einem Glücksgefühl verbunden, sondern unterstützt uns auch im Arbeitsalltag im Umgang mit Kollegen, Vorgesetzten, Kunden und anfallenden Aufgaben.

Mit einer optimistischen Lebenshaltung fällt es uns leichter, unsere Karrierewünsche und beruflichen Ziele zu realisieren. Dies lässt sich auch wissenschaftlich beweisen: SELIGMANS Experimente zeigen, dass Optimisten in der Schule, an der Uni, bei der Arbeit und beim Sport besser abschneiden als Pessimisten. Er ist nach 25 Jahren Forschungsarbeit auf diesem Gebiet von einem überzeugt: „*Wenn wir wie die Pessimisten prinzipiell glauben, dass Unglück unsere eigene Schuld ist, dass es sich ständig wiederholen wird und all unsere Bemühungen zunichtemacht, dann stößt uns auch wirklich mehr Unglück zu als bei einer positiven Einstellung.*" Über das selbsterfüllende Potenzial von Pessimismus wusste auch HEINZ RÜHMANN Bescheid, der zu sagen pflegte: *„Ein Pessimist freut sich über schlechte Erfahrungen, weil sie ihm recht geben."* Wahr ist auch das Gegenteil!

Der Optimistentest Teil II

Bitte überprüfen Sie Ihre Aussagen anhand der Beispiele und erkennen Sie, ob Sie eher zu einer pessimistischen oder optimistischen Einstellung neigen. Formulieren Sie alle pessimistischen Aussagen in optimistische um.

4 Von der Idee zur Realität

> *„Achte auf deine Gedanken,*
> *denn deine Gedanken werden Wörter.*
> *Achte auf deine Wörter,*
> *denn deine Wörter werden Handlungen.*
> *Achte auf deine Handlungen,*
> *denn deine Handlungen werden Gewohnheiten.*
> *Achte auf deine Gewohnheiten,*
> *denn sie werden zu deinem Charakter.*
> *Achte auf deinen Charakter,*
> *denn dein Charakter wird dein Schicksal.“*
>
> AUS DEM TALMUD

Ja, Sie wollen etwas ändern! Doch wie können Sie größere Zufriedenheit, mehr Selbstbestimmung, mehr Sinn, mehr Erfüllung erleben? Der Wunsch, etwas zu verändern, ist eine pure Idee und es sind eine ganze Reihe von praktischen Schritten notwendig, die entsprechenden Realitäten zu schaffen. Was helfen alle frischen Ideen, alle neuen Anregungen, alle guten Vorhaben, die Sie in den nächsten Tagen, vielleicht sogar in den nächsten Wochen voller Energie angehen – wenn diese dann einige Zeit später im Sande verlaufen, bis sie schließlich ganz vergessen sind? Die notwendigen Schritte können in drei Etappen beschrieben werden: Das Gewünschte visualisieren und schriftlich als Ziel fixieren, eine achtsame und kraftvolle Sprache entwickeln und lernen, Wichtiges von Dringendem zu unterscheiden.

4.1 Ziele visualisieren, formulieren und umsetzen

Vom Gedankensplitter zum Bild

Der erste Schritt, um aus einem Wunsch Realität werden zu lassen, besteht in der Formulierung eines konkreten Zieles. Indem Sie aus dem Wunsch, mehr Erfüllung in Ihrer Arbeit zu erleben, ein konkretes Ziel machen, werden die nötigen Handlungsschritte sichtbar. Zum Beispiel wollen Sie Ihre berufliche Kompetenz erhöhen, indem Sie eine Weiterbildung machen, Fachbücher lesen oder an Tagungen und Konferenzen teilnehmen – dann schaffen Sie sich vor Ihrem geistigen Auge zuerst ein detailliertes Bild, wo Sie sich genau bei diesen Tätigkeiten sehen. Sie sehen sich, wie Sie lernen, Neues aufnehmen, neue Erkenntnisse verinnerlichen. Sie malen sich aus, wie Sie Ihr neu erworbenes Wissen anwenden und es erfolgreich im Beruf einsetzen. Durch diese Gedanken an die gewünschte Veränderung schaffen Sie die Basis für die Realisierung.

Dieser Kraft von Gedanken waren sich viele der Großen unserer Welt bewusst. So sagte MARC AUREL: *„Das Leben eines Menschen ist das, was seine Gedanken daraus machen."* Ein unbekannter Weiser meinte: *„Alles, was ist und was nicht aus der Erde herausgewachsen ist, war immer erst ein Gedanke."* Der Mensch erschafft Neues immer zuerst in gedanklicher Form. „Ich denke, ich backe einen Kuchen", ist die Idee, die der Zubereitung eines Kuchens vorausgeht. Der Gedanke „Ich möchte einen neuen Job" ist da, bevor wir uns auf die Suche danach machen. Ein Maler malt ein Bild, nachdem ihn eine Idee inspiriert hat. SHAKTI GAWAIN, Autorin und Trainerin, meint: *„Die Idee (der Gedanke) ist wie ein Plan: Sie erschafft ein Bild von der Form. Dieses Bild magnetisiert physi-*

kalische Energie und bringt sie dazu, in jene Form zu fließen, die sich schließlich auf der physikalischen Ebene manifestiert" (GAWAIN 1994). HEIKO ERNST (2001), Psychologe und Buchautor, berichtet über einen Skiläufer, der wegen einer Verletzung lange Zeit dem Training fernbleiben musste. Im Bett liegend, visualisierte er täglich den Ablauf und stellte sich detailliert und genau vor, wie er ihn herunterfahren und den Wettlauf gewinnen würde. Kurz nach seiner Genesung nahm er am Wettkampf teil und gewann ihn tatsächlich trotz des verkürzten Trainings.

Bei der Kraft der Gedanken geht es um viel mehr als nur um positives Denken. Es geht um die Tatsache, dass Gedanken Realität erzeugen. Als weiteres anschauliches Beispiel mag ein Hausbau dienen: Als Erstes existiert die Idee des Hauses – im Kopf des Bauherrn oder eines Architekten. Dort wächst sie, gedeiht, wird überdacht und verändert – und irgendwann ist der Zeitpunkt gekommen, wo darüber zum ersten Mal gesprochen wird, wo andere Menschen davon erfahren. Dann geht es ans Planen: Die Idee des Hauses entsteht auf einem Papier oder im Computer, als Entwurf, als Konstrukt. Schließlich kommt die konkrete Umsetzung, Stein auf Stein wird gemörtelt, bis schließlich ein fertiges Haus entstanden ist. Ohne den ersten Gedanken an das Haus wäre es nie gebaut worden.

Werden wir uns der Kraft bewusst, die Gedanken innewohnt, können wir sie einsetzen, um unsere Wünsche in unsere Wirklichkeit zu holen. Indem wir unsere Gedanken fokussieren und lernen, nur die Gedanken zuzulassen, die uns konstruktiv aufbauen und weiterbringen, legen wir den ersten Stein, um unsere Arbeitssituation zu ändern – gleichgültig, wie sie heute aussieht.

Gedanken erschaffen einen Aktionsraum, indem sie die

Aufmerksamkeit fokussieren und die Energie bündeln, die nötig ist, um ein Ziel zu verwirklichen. Zuerst denken wir an eine berufliche Veränderung. Diesem Gedanken folgt die Energie, die wir investieren, um dieses Ziel zu erreichen. Je nach Ausmaß unserer Gedanken können wir die entsprechende Energie entwickeln. Da unsere Gedanken tendenziell von tradierten Vorstellungen, Erwartungen und Überzeugungen geprägt sind, wird unser Handlungsraum dadurch eingeschränkt. Normalerweise erreichen wir nur das, was wir uns vorstellen können. Stellen wir uns wenig vor und sehen überall Begrenzungen, werden wir auch wenig erreichen. Wenn wir uns einen Job mit tollen Kollegen, interessanten Themen und spannenden Projekten vorstellen, können wir die nötige Energie dazu entwickeln, um diesen Job zu finden.

Kreatives Visualisieren

Kreatives Visualisieren ist eine Methode, die vorausschauende Kraft der Fantasie zu nutzen, um das zu verwirklichen, was Sie in Ihrem Leben erreichen wollen, was Ihr Dasein zu einem erfüllten Leben macht.
Beim kreativen Visualisieren setzen Sie Ihre Fantasie ein, um ein klares Bild von etwas zu erzeugen, das Sie sich wünschen. In unserem speziellen Fall visualisieren Sie ein klares Bild von einer besseren Arbeit oder besseren Arbeitsbedingungen oder neuen Tätigkeitsfeldern. Während Sie sich auf eine Idee oder ein Bild konzentrieren, leiten Sie Energie in Form von Gedanken in das Bild oder in die Idee hinein und sind bereits im Begriff, das Erwünschte ins Leben zu rufen.
Kreatives Visualisieren ist nichts Neues. Höchstwahrscheinlich wenden Sie das bereits in Ihrem Leben an, vielleicht aber nur unbewusst. Die einzige Voraussetzung, die Sie zum kreativen Visualisieren benötigen, ist die Bereitschaft, bestimmte Idealvorstellungen für möglich zu halten und sich wirklich ausreichend Zeit für das „Tagträumen" zu erlauben.

Erweitern wir das Spektrum unserer Vorstellungen, indem wir unser Zielbild „größer" entwerfen. Indem wir unsere Überzeugungen hinterfragen und erweitern, können wir unsere Lebenserfahrung grundsätzlich ändern, weil wir die richtige und nötige Energie dementsprechend entwickeln, um etwas zu erreichen, das unseren neuen Vorstellungen, Überzeugungen und Erwartungen entspricht. Es sind unsere Gedanken, die unsere Welt gestalten.

Vom Bild zum Ziel

Bilder schaffen Wirklichkeit – wir haben eine Tendenz, aus unseren inneren Bildern Wirklichkeit zu erschaffen. Doch durch die Fülle der inneren Bilder und der Bilder, die von außen zu uns eindringen, kann es schnell passieren, dass die Bilder sich gegenseitig stören, überlagern, vielleicht sogar blockieren und dann doch nicht Wirklichkeit werden. Bilder werden dann zur Realität, wenn wir mithilfe unseres Bewusstseins Klarheit schaffen, was Wirklichkeit werden soll. Das geschieht, sobald wir die Bilder aus der geistigen Welt unserer Gedanken in die materielle Welt übertragen, indem wir einen Text schreiben, eine Zeichnung oder ein Bild malen oder ein Foto des Vorgestellten nutzen. Hier sind klare Entscheidungen der wichtigste Schritt, Ziele zu verwirklichen.

Viele Menschen scheuen sich vor dieser Festlegung und wundern sich andererseits, dass sie auch nach Jahren ihre Ziele nicht erreicht haben, trotz großer Anstrengungen – und andere längst eine ganze Reihe von Wünschen in ihrem Leben erfüllt sehen. Solange die Energien und Kräfte zur Verwirklichung aller möglichen Bilder zersplittert werden, zerstreuen wir unsere Kräfte. Das Leben bleibt mühsam und doch erfolglos.

Ein Mensch, der ein klares Ziel formuliert und zu Papier gebracht hat, weiß, wohin er sich bewegen will. Er hat einen klaren Weg vor sich und lässt sich nicht ablenken, verarbeitet die Informationen, die ihm weiterhelfen, und filtert die Informationen, die ihm Energie rauben würden, von vornherein aus. Durch ein klares Ziel wird die Aufmerksamkeit fokussiert und die Energie konzentriert.

Sprache und Ausdruck beim Formulieren von Zielszenarien

Beachten Sie beim Formulieren von Zielen:
- Bekräftigende und klare Sprache.
- Positiv formulieren (also auf keinen Fall: kein, ohne, nicht … – Achtung, Fallstrick: Wörter wie schuldenfrei, sorgenfrei, sorglos, problemlos sind nicht positiv formuliert!).
- In der Gegenwartsform schreiben.
- Konkrete, spezifische und messbare Angaben (Datum, konkrete Zahlenangaben: Es muss möglich sein, genau zu erkennen, wann das Ziel erreicht ist).
- Täglich einmal laut vorlesen.

Beispiel für eine Zielformulierung: Vorbereitung einer Studentin auf die Examensprüfung.

Was will ich erreichen?

„Ich freue mich total darüber, dass ich die Vordiplomprüfung bei Prof. Dr. Meyer am 23. Oktober mit der Note 1,7 oder besser bestehe. Während der Prüfung bin ich ruhig und gelassen und beantworte gekonnt alle Fragen."

Was ist, wenn ich es erreicht habe?
Wie fühle ich mich?

„Ich bin danach riesig erleichtert, froh und glücklich. Ich bin stolz auf mich und freue mich, dass ich es geschafft habe!"

So weit zur Zielsetzung. Doch ein Ziel bleibt ein Ziel, wenn wir uns nicht auf den Weg machen. Menschen, die ihre Ziele verwirklichen, ergänzen die Formulierung dessen, wohin sie wollen, mit einer Beschreibung des Weges, den sie zu gehen haben. Sie unterteilen das Ziel in Etappenziele und beschreiben, was sie tun wollen oder müssen, um diese Etappenziele zu verwirklichen.

Wie ist der Weg dorthin? Was bringe ich ein?

„Dies erreiche ich dadurch, dass ich täglich vier Stunden oder mehr an den entsprechenden Büchern und Texten arbeite. Ich erstelle eine Zusammenfassung mit den wichtigsten Aussagen, welche ich auswendig lerne. Ich bin aufnahmefähig, konzentriert und ausgeschlafen. Ich freue mich, Wissen aufzunehmen. Ich bin fokussiert, gehe zweimal pro Woche joggen und ernähre mich ausgewogen.“

Ziele formulieren

Formulieren Sie jetzt drei Ziele oder mehr. Dabei können Sie auf Ihre Überlegungen aus Kapitel 2 im Zusammenhang mit Ihrem Wertesystem zurückgreifen, aber auch andere Themen angehen – wie z. B. etwas für Ihre Weiterbildung zu tun oder einen Jobwechsel vorzunehmen. Halten Sie drei Ihrer Veränderungswünsche an dieser Stelle schriftlich formuliert fest. Erschaffen Sie sich ein deutliches Bild von dem, was Sie erreichen wollen und beschreiben Sie es in so einer Art und Weise, dass Sie beim Durchlesen richtig Lust entwickeln, sich dorthin auf den Weg zu machen. Gehen Sie nach dem Schema im oben genannten Beispiel vor. Nehmen Sie sich genügend Zeit, bis die Wörter und Sätze für Sie stimmig sind. Lesen Sie sich Ihre Ziele täglich einmal laut vor.

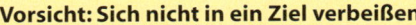

Datum und Unterschrift

Halten Sie Ihre Ziele mit Datumsangabe fest und unterschreiben sie Sie. Damit geben Sie sich selber Ihr volles Commitment.

Vorsicht: Sich nicht in ein Ziel verbeißen

Ein wichtiger Aspekt bei der Verwirklichung von Zielen ist ein sogenanntes „detached involvement", zu übersetzen in etwa mit „gelassen engagiert sein". Jedes Ihrer Ziele sollten Sie – so paradox das auch (angesichts unserer Anmerkungen zum notwendigen Commitment) klingen mag – loslassen. Tun Sie das nicht, verrennen Sie sich möglicherweise in Ihre Zielvorstellungen und es ist wie mit dem Stück Seife, das umso schneller wieder aus der Hand flutscht, je fester man zugreift.

Erinnern Sie sich an das Kapitel über Präsenz und Achtsamkeit: Präsent im Moment können Sie nur sein, wenn Sie sich klar sind über Ihre Ziele, aber trotzdem offen bleiben für die Entwicklungsmöglichkeiten, die Ihnen das Leben bietet. Detached involvement heißt insbesondere, dass Sie sich nach Herzenslust freuen, wenn Sie ein Ziel erreichen. Wenn aber der andere Fall eintritt, dass das Erreichen eines Zieles unmöglich wird, verfallen Sie nicht in Selbstzweifel und Minderwertigkeitsgefühle. Akzeptieren Sie die Niederlage, aber lassen Sie Ihr Selbstwertgefühl und Ihren Optimismus darunter nicht leiden. Mit anderen Worten: Verknüpfen Sie das Erreichen oder Nichterreichen von Zielen niemals und unter keinen Umständen mit der auf einer ganz anderen Ebene angesiedelten Frage des Selbstwertgefühls.

Fähigkeiten und Stärken

Langfristig gesehen macht es Sinn, sich über den Teil der Zielformulierung tiefer gehende und weiterführende Gedanken zu machen, in dem es um das „Was bringe ich ein?" geht. Generell gilt: Je mehr Sie „hineingeben", umso mehr kommt auch „heraus" (vergleiche systemisches Modell). Eines Ihrer wertvollsten Dinge, die Sie einbringen können, sind Ihre individuellen Fähigkeiten und Stärken. Jeder Mensch besitzt verschiedene Grundfähigkeiten, die sich aus erlernten und vorhandenen Fähigkeiten zusammensetzen. Bis etwa zum 14. Lebensjahr bilden sich Potenziale (= Talente) heraus, die den Rest des Lebens in ihrer Struktur bestehen bleiben. In diesen Gebieten fällt es Ihnen leichter zu lernen, erleben Sie Freude am Tun, entwickeln Sie sich schneller als andere. Bauen Sie diese Potenziale durch Lernen und Weiterentwicklung aus, werden sie zu Ihren Stärken. Natürlich können Sie sich auch in anderen Bereichen weiterentwickeln, doch Sie werden dort nie so gut werden, wie Sie es auf dem Gebiet Ihrer Grundtalente werden können. Auch Prominenten, die Ihre Grundfähigkeiten früh erkannten und zielstrebig ausbauten, ist dies bekannt: THOMAS GOTTSCHALK sagt: *„Wenn Sie anfangen wollen, beginnen Sie da, wo Sie gut sind. Finden Sie eine besondere Fähigkeit oder Begabung und spezialisieren Sie sich auf dieses Talent. Das wird Sie unverwechselbar machen. Der Ehrgeiz, alles tun zu können, führt nur in die Mittelmäßigkeit."* Und CLAUDIA SCHIFFER meint: *„Jeder Mensch hat ein ganz spezielles Talent, er ist einmalig und verfügt über mindestens eine besondere Gabe, die kein anderer hat. Die Kunst besteht nicht nur darin, dieses Talent zu kennen, sondern es zu nutzen."*

Oftmals sind unsere Grundpotenziale so selbstverständlich mit uns verwoben, dass wir selbst sie nur schwer erkennen. Fragen Sie einmal Menschen, die Sie näher kennen, nach Ihren Stärken. Sie werden möglicherweise überrascht sein, was anderen an Ihnen längst aufgefallen ist. Häufig unterschätzen wir unsere Talente, weil es einfach „schon immer so ist". Es lohnt, sich auf die Suche danach zu machen.

Kommen Sie durch eigene Beobachtung und das Einholen von Feedback anderer Menschen nicht weiter, können Sie verschiedene psychologische Testverfahren nutzen. Als nützlich erwiesen hat sich der Online-Test des Gallup-Instituts (zu finden unter www.strengthsfinder.com, Voraussetzung ist der Erwerb des Buches „Entdecken Sie Ihre Stärken jetzt!" von BUCKINGHAM und CLIFTON, in dem Sie die erforderliche PIN-Nummer finden).

Nehmen Sie die Talente an, die Sie haben, freuen Sie sich über diese Schätze, aber vergleichen Sie sich nicht mit anderen Menschen. Erfüllung finden Sie, indem Sie Ihre eigenen Potenziale weiterentwickeln, und nicht dadurch, dass Sie sich das Talent anderer wünschen.

Ein anderer Hinweis auf vorhandene Grundfähigkeiten ist die tiefe Freude am Tun. Wenn Sie bei bestimmten Tätigkeiten richtig viel Spaß haben, ist die Wahrscheinlichkeit sehr hoch, dass diese Tätigkeiten etwas mit Ihren Grundfähigkeiten zu tun haben. Ein ebenso klares Anzeichen für Grundfähigkeiten ist neben der Freude am Tun positives Feedback von anderen.

Wenn Ihnen Tätigkeiten wirklich Freude bereiten, können Sie Folgendes beobachten:

▶ Es ist leicht, morgens aufzustehen.
▶ Sie haben kein Bedürfnis, sich auszuruhen.
▶ Sie merken nicht, wie die Zeit vergeht.
▶ Sie denken nicht an sich selber.

▶ Anstrengung wird nebensächlich.
▶ Sie können stundenlang über diese Beschäftigung reden.

Manche Talente bleiben allerdings auch über lange Zeit verborgen, wenn wir sie nicht entdecken und fördern. Probieren Sie also auch einmal etwas ganz Neues mit einer gewissen Ausdauer aus, wenn Sie einen inneren Impuls dazu verspüren. Viele ersticken eine derartige von innen kommende Anregung zu schnell, weil sie befürchten, dass diese neue Beschäftigung nicht wirklich gelingt. Es gibt hunderte von Beispielen dafür, dass Menschen auch in fortgeschrittenen Lebensjahren noch Talente entdecken und zur vollen Entfaltung bringen können.

Jedenfalls – gleich in welchem Alter – werden die Ziele leichter und sicherer erreicht, die Sie mit dem Einsatz Ihrer Talente verwirklichen können.

Die Umkehrfrage

Machen Sie ein Gedankenexperiment und fragen Sie sich nicht, wie Sie auf dem einfachsten Wege zu einem erfüllten Arbeitsleben kommen, sondern überlegen Sie sich einmal, was Sie geben können (statt: Was kann und will ich bekommen?). Schon ALBERT SCHWEIZER hatte dies erkannt: *„… nur diejenigen unter euch werden wirklich glücklich sein, die danach gesucht und die herausgefunden haben, wie man den Menschen dienen kann."* Denken Sie einmal darüber nach, wie und auf welchem Weg Sie mit Ihren speziellen Talenten und Fähigkeiten den Menschen und/oder der Welt am besten dienen können!

4.2   Die Kraft der Sprache

Die Wörter, die wir aussprechen, wirken nicht nur auf die Menschen um uns herum, sondern erst einmal auf uns selber. Die Entscheidung, wie wir unser Wohlbefinden beeinflussen, liegt ganz bei uns und beginnt mit unserer Ausdrucksweise. Wir wissen, dass es Wörter und Redewendungen gibt, die in uns entweder ein negatives Gefühl erzeugen oder schöne Vorstellungen, Kraft und Energie wecken.

Vielleicht haben Sie sich gefragt, warum Sie sich Ihr Ziel *laut* vorlesen sollen. Reicht stilles Lesen nicht aus? Nein, es reicht nicht aus. In ausgesprochenen Wörtern liegt jede Menge Kraft. Das Wort ist per se der mächtigste Gedanke und strebt danach, Realität zu werden. Sobald wir einen Gedanken formulieren, lenkt dieser bereits unsere Energie. In der Sprache liegt aber die Kraft, mit der wir unsere Wünsche, Vorstellungen und Ideen in die reale Welt bringen.

Viele der alten Kulturen dieser Welt sind sich dieser Kraft bewusst. Die Indianer Nordamerikas sprechen in „heiliger Sprache", wenn sie ihre Götter um die Erfüllung von Wünschen bitten. Betrachtet man diese „heilige Sprache" genauer, so sind es kraftvoll, klar, bildlich und positiv formulierte Sätze. Juden, Christen und Moslems kennen die Kraft der Sprache in ihren Psalmen und Gebeten.

Sucht man nach einer wissenschaftlichen Erklärung, warum in einer positiven, klaren und bildlichen Sprache so viel Kraft liegt, stößt man auf die Erkenntnisse der Gehirnforschung. Die rechte Hemisphäre kann Verneinungen nicht verstehen. Wörter wie „nicht", „ohne", „keine" usw. werden nur von unserer linken Gehirnhälfte verarbeitet. So passiert es, dass das Wort „problemlos" in der rechten Gehirnhälfte zum „Problem" wird, aus „sorgenfrei" werden Sorgen und aus „Entspannung" „Spannung". Wenn Sie aufgefordert werden, „nicht" an einen rosaroten Elefanten zu denken – schwupp, schon ist er da, dick, rund und richtig rosarot. Deswegen ist es so wichtig, auf den Kern der jeweiligen Wörter zu achten und bei Zielformulierungen strikt bei dem Positiven zu bleiben, dass Sie verwirklichen wollen.

Wenn Sie Gedanken sprachlich auf den Punkt bringen, erleichtern Sie sich deren Umsetzung. JOHN DEWEY hat es so formuliert: *„Ein gut definiertes Problem ist schon halb gelöst."* Anstatt eines Problems kann es auch ein Ziel sein, das wir uns vorgenommen haben, zu erreichen. Sobald Sie wissen, was Sie exakt erreichen wollen und es genau zur Sprache bringen, dann weiß auch Ihr Unterbewusstsein, wonach es zu suchen hat und welche Lösungen für Sie in Betracht kommen. Klare Sprache entsteht in der linken Hirnhemisphäre, unterstützt aber gleichzeitig die kreative Lösungsfindung der rechten Hirnhälfte.

4.3   Die Unterscheidung zwischen wichtig und dringend

Nachdem Sie sich Ihrer Ziele und Sprache bewusst geworden sind, geht es nun an die tagtägliche Umsetzung. Der Ausspruch *„Tagtäglicher Einsatz, tagtägliches Verhalten – machen das Leben als Ganzes aus"* macht uns darauf aufmerksam, dass Veränderungen, Wünsche und Ziele sich nicht realisieren lassen, wenn wir uns ein bis zwei Wochen pro Jahr Zeit für Planungen nehmen, die wir dann doch nie umsetzen, sondern über kurz oder lang in der Schublade verschwinden lassen. Da jeder Tag 24 Stunden hat – und das ist eins der wenigen Dinge, die wirklich für alle Menschen gleich sind – können wir uns fragen, wie wir diese Zeit sinnvoll nutzen, sinnvoll in Bezug auf unsere Idee, ein zufriedenes und erfülltes Arbeitsleben zu genießen. STEPHEN COVEY, Autor und Trainer, bringt es folgendermaßen auf den Punkt: *„Die wirkliche Herausforderung liegt nicht darin, die Zeit zu managen, sondern uns selbst."* Mit dieser Formulierung wird klar, dass es bei der Frage der Zeiteinteilung nicht um das Management der Zeit geht (was an sich nicht möglich ist), sondern um effizientes Selbstmanagement. Wie oft haben Sie sich schon vorgenommen, ab der kommenden Woche mehr Sport zu treiben? Und wie lange sind Sie Ihrem Vorhaben nachgekommen? Oder das leidige Thema Fremdsprachen: Wie viele Versuche haben Sie schon unternommen, Ihr Business-Englisch aufzupolieren? Und, sind Sie jetzt richtig fit in Englisch? Nein? Es kommt ja doch ständig was dazwischen, nicht wahr? Eine Einladung von Freunden, ein spannender Film im Fernsehen, schlechtes Wetter, ein neues Projekt in der Arbeit – wie soll es da auch möglich sein, mehr Zeit für Sport oder Fremdsprachen zu verwenden?

Doch wenn Sie ehrlich sind, werden Sie eingestehen, dass es andere tatsächlich schaffen, ihre Ziele zu erreichen. Nach einer Studie von E. M. GRAY ist der gemeinsame Nenner aller erfolgreichen Menschen, dass sie in der Lage sind, Wichtiges voranzustellen und Dinge zu erledigen, die im aktuellen Moment unangenehm oder aufwendig erscheinen, auf lange Sicht jedoch zur Realisierung ihrer Ziele beitragen.

„Nur eine bewusste Entscheidung für das Wichtige verhindert eine unbewusste Entscheidung für das Unwichtige", sagt STEPHEN COVEY. Diese Aussage führt zur Frage, was eigentlich „wichtige Dinge" sind bzw. wie sie von unwichtigen unterschieden werden können. Parallel müssen wir auch lernen, einen Unterschied zu machen zwischen dem, was wir unter dringend verstehen, und dem Wichtigen.

Dringend hängt zusammen mit drängen. Dringende Dinge bedrängen uns und erzeugen eine nervöse Spannung, die uns so unruhig macht, dass wir sofort alles tun, um dieses unangenehme Gefühl wieder los zu werden. Daher reagieren wir unmittelbar auf das Klingeln eines Telefons oder die laute Stimme eines Vorgesetzten oder verärgerten Kunden. Ein hoher Stapel unerledigter Akten auf dem Schreibtisch ärgert uns, stört unser Ordnungsbedürfnis und trägt in sich: Schaffe mich weg! Und genauso geht es uns mit all den E-Mails, die nach Beantwortung drängen. Im Ergebnis werden dringende Sachen daher auch rasch erledigt, da wir diese körperlich spürbare Unruhe am schnellsten durch Erledigung beseitigen können.

Allerdings sind dringende Dinge nicht immer wichtig und oftmals sogar unwichtig! Oft denkt man sich: „Das Dringende muss erst einmal erledigt werden, und dann beginne ich mit dem wirklich Wichtigen", und so vergehen Tage, Wochen, Jahre.

Im Gegensatz dazu zählt zu den wirklich wichtigen Dingen all das, was Gewicht hat, was Bedeutung hat, was einen Wert und einen Sinn hat für Sie, das Unternehmen oder Ihre Kunden. Nichts ist von sich aus wichtig; wir (oder andere) verleihen einer bestimmten Sache, einem Vorhaben, einem Gespräch oder einem Termin entsprechend unserer Wertestruktur und den daraus resultierenden Zielen ein Gewicht, eine Bedeutung. Die Entscheidung, eine Person oder eine Sache für wichtig zu halten, löst allerdings keinerlei Unruhe oder Spannungsgefühle aus. Daher wohnt den wichtigen Dingen leider nicht die Tendenz inne, schnell erledigt zu werden. Es passiert sogar leicht, dass diese liegengelassen werden, weil es eben dringende Dinge gibt, die „noch schnell" erledigt werden müssen.

Sehen Sie sich Ihre Ziele an, und so wissen Sie, was für Sie wirklich wichtig ist – und häufig nicht wirklich dringend. Selbstverständlich gilt es auch, darauf zu achten, was für andere – z. B. Ihren Chef, Ihr Unternehmen oder Ihre Kunden – wichtig ist.

Das Wichtige wird erst dann erledigt, wenn es mit der „Farbe des Dringenden" eingefärbt wird. Halten Sie Ihre Ziele schriftlich fest, versehen sie mit einem Datum und lesen Sie sie sich täglich laut vor, so werden Sie für Ihr System zu etwas Dringendem. Damit fällt es Ihnen leichter, diesen Themen Zeit, Energie und Aufmerksamkeit zu widmen.

Hilfreich für diese Unterscheidungsfragen ist die Weiterentwicklung des Prioritätenschemas von General EISENHOWER (siehe HUHN/BACKERRA 2007) mit dem Konzept der vier Quadranten (siehe Bild 5).

Der Dringend-wichtig-Test

Erstellen Sie sich eine Vorlage des Koordinatenkreuzes und legen es sich auf Ihren Schreibtisch. Machen Sie drei Tage lang jedes Mal nach Beendigung einer Tätigkeit einen Punkt in dem jeweiligen Quadranten, in den Sie die Tätigkeit einordnen. In welchem Quadranten halten Sie sich am meisten auf? Um es übersichtlicher zu halten, können Sie auch für jeden Tag ein neues Blatt nehmen und am Ende des dritten Tages eine Übersicht erstellen.

Ziel bei dieser Art des Selbstmanagements ist es, sich Raum für Tätigkeiten im Quadranten IV zu schaffen, indem Sie Ihre Aktivitäten in den Quadranten II und III bewusst verringern. Je häufiger Sie sich im Quadranten IV aufhalten, desto mehr Zeit und Energie haben Sie für die Dinge in Ihrem Leben, die Ihnen wirklich wichtig sind, die der Verwirklichung von Werten und der Realisierung von Zielen dienen.

wichtig

- Krisenbewältigung
- Dringliche Alltagsprobleme
- Projekte mit anstehendem Abgabetermin

- Vorbeugung
- Sicherung und /oder Erweiterung der Produktionskapazität
- Pflege von Beziehungen
- Neue Möglichkeiten entdecken
- Planung
- Regeneration und Erholung

dringend   nicht dringend

- Unterbrechungen
- Einige Anrufe
- Manche Post
- Einige Berichte
- Einige Konferenzen
- Unmittelbare, dringliche Angelegenheiten
- Beliebige Tätigkeiten ohne Wirkung auf die Realisierung von Zielen

- Triviale Tätigkeiten, z. B. wahllos Fernsehen schauen
- Manche Post
- Einige Anrufe
- Zeitverschwender
- Angenehme Tätigkeiten ohne Folgen

unwichtig

Bild 5: *Koordinatenkreuz des Lebens*

Wollen Sie Ihr Leben als wertvoll erfahren, so sorgen Sie dafür, jeden einzelnen Tag als sinnvoll zu erleben. Wenn Sie an jedem einzelnen Tag das Gefühl haben, heute konnten Sie etwas Wichtiges erledigen, werden Sie am Abend mit einem zufriedenen Gefühl belohnt. Eine einfache Methode, dies zu erreichen, stellt die Sechspunktemethode nach dem amerikanischen Unternehmensberater IVY LEE dar, der damit schon in den Anfängen des 20. Jahrhunderts großen Erfolg erzielte. Und so funktioniert es:

Sechspunktetagesgestaltung nach Lee

Schreiben Sie jeden Abend, bevor Sie in den Feierabend gehen, die **sechs wichtigsten Punkte** auf, die Sie am nächsten Tag erledigen wollen. Dabei ist es von großer Bedeutung, dass dies Dinge sind, die Sie wirklich abhaken können. Also nicht: „Ich arbeite an Projekt X weiter", sondern: „Ich vereinbare mit dem Architekten Müller einen Termin, um mit ihm über das weitere Vorgehen zu sprechen." Schneiden Sie Ihre anstehenden, wichtigen (!) Aktivitäten in solch kleine Scheiben, dass Sie sie einfach verspeisen können. So wie Sie ja auch nicht einfach in eine Melone hineinbeißen, sondern sie in kleine Scheiben zerschneiden. Haben Sie sechs solcher Tätigkeiten notiert, sortieren Sie sie nach Priorität. Dann gehen Sie nach Hause. Am nächsten Morgen beginnen Sie mit Punkt eins und arbeiten sich je nach Zeiteinteilung bis Punkt sechs durch, was Sie nicht erledigen können, bedenken Sie von Neuem, und wenn es wirklich wichtig ist, setzen Sie es auf die Liste von morgen. Auf diese Art und Weise haben Sie immer das Gefühl, dass der Tag wertvoll für Sie war, weil Sie die wichtigsten Punkte erledigt haben.

5 Schwierige Situationen im Arbeitsalltag

5.1 Stresssituationen bewältigen

Sonja hat vor Monaten von ihrem Vorgesetzten den Auftrag bekommen, eine statistische Auswertung eines soeben abgeschlossenen Projektes durchzuführen. Zahlen liebte sie noch nie, doch im Vorstellungsgespräch hatte sie angegeben, gut in statistischen Rechenverfahren zu sein, die sie in der Universität ja schließlich gelernt hatte. Nun fühlt sie sich seit Wochen völlig ausgelaugt, weil sie sich mit einem Thema befassen muss, für das sie weder Interesse noch entsprechende Kompetenz und Arbeitserfahrungen hat. Sie sucht Hilfe bei ihren Kollegen, geht schließlich sogar zu ihrem Vorgesetzten. Doch sie wird die Aufgabe nicht los, und der Präsentationstermin rückt immer näher. Sonja ist frustriert und wütend, und ärgert sich maßlos über ihren Chef, der ihr diese Arbeit zugewiesen hat und sie dabei nicht unterstützt. Sie fühlt sich völlig gestresst.

Christian hat vor Kurzem erfahren, dass er zum Projektleiter einer anspruchsvollen Softwareumstellung ernannt wurde. Fünf weitere Mitarbeiter finden sich in seinem Team. Da er neu in der Firma ist und noch nie ein Projekt geleitet hat, spürt er Unsicherheit in sich aufkommen. Was sind denn nun genau meine Aufgaben? Werde ich für den Erfolg des Projektes verantwortlich gemacht? Wie organisiere ich das Kick-off-Meeting? Wie gehe ich überhaupt mit einem Team um? Was tue ich, wenn es zu Konflikten kommt? Je näher das erste Teammeeting rückt, desto schlechter, gestresster fühlt sich Christian. Am liebsten würde er einfach zu Hause bleiben oder ins Auto steigen und ganz weit wegfahren.

Was würden Sie jemandem raten, der Ihnen verzweifelt eine derartige Situation schildert? (Oft hilft es, bei eigenen Schwierigkeiten sich vorzustellen, welchen Rat man jemand anderem geben würde.) Was also tun, wenn alles eskaliert und ein Gefühl von Unfähigkeit und Unsicherheit die Oberhand gewinnt?

Aufgaben, die eine große Menge an Kraft und Energie kosten oder einen inneren Widerstand hervorrufen, sind oftmals der Grund, an uns selbst zu zweifeln. Ist das überhaupt zu schaffen? – fragen wir uns, und in extremen Fällen stellen wir uns oder unsere Arbeit ganz infrage: Bin ich überhaupt geeignet? Macht es Sinn, weiterzuarbeiten? Zweifel und Grübeleien beherrschen unser Denken. Von zufriedenstellendem Arbeiten kann in einer derartigen Situation keine Rede sein.

Wenn Sie mit einer Stresssituation konfrontiert sind, hilft schon als erster Schritt zur Bewältigung eine sprachliche Taktik: Betrachten Sie das, was sich als unüberwindliches Hindernis darstellt, in Ihrem eigenen inneren Dialog als „temporäre Unfähigkeit". Die Annahme dessen, was ist, ist der erste Schritt zur Lösung: Eine vorhandene Unfähigkeit, in einer bestimmten Situation das Richtige oder Notwendige zu tun. Aber es ist nur eine temporäre, also zeitweilige Unfähigkeit. Der Mensch kann aus einer Unfähigkeit eine Fähigkeit machen, indem er durch einen Lernprozess, durch Hinzuziehen anderer oder durch eine intelligente kreative Idee die erforderliche Fähigkeit hinzugewinnt.

Anstatt sich mit Zweifeln und destruktiven Fragen herumzuschlagen und sich selbst im Weg zu stehen, können Sie Ihren Widerstand so objektiv wie möglich betrachten, um festzustellen, wovor genau Sie so gestresst sind und am liebsten die Flucht ergreifen würden. Wenn Sie doch bleiben, wo

Sie sind, aus welchen Gründen? Was hält Sie dort und wofür tun Sie es doch? Gleichgültig, wie unangenehm und nervenaufreibend derartige temporäre Unfähigkeiten auch erscheinen mögen, es steckt in ihnen immer auch eine Gelegenheit, etwas hinzuzulernen, die eigene Persönlichkeit weiterzuentwickeln. Auch (und vor allem) aus solchen Situationen lässt sich Wertvolles lernen, unter der Bedingung, dass Sie sich auf die Situation einlassen und mit Ihren negativen Emotionen konstruktiv umgehen.

Als Ausgangsbasis kann Ihnen die Überlegung dienen, unter welcher Art von Stress Sie leiden: Ist es ein akutes Projekt, eine akute Aufgabe, derer Sie sich nicht gewachsen fühlen? Ist es eine aktuelle Überlastung, die das Gefühl hervorruft, viel zu wenig Zeit für viel zu viel Arbeit zur Verfügung zu haben? Oder ist es eher so, dass Sie chronisch überarbeitet sind, dass die Stresssituation ständig und lang anhaltend geworden ist?

Bei einer chronischen Überlastung handelt es sich oft nicht nur um die Aneinanderreihung einer Vielzahl von aktuellen Überlastungen, sondern um eine Fehlentwicklung mit tiefer liegenden Ursachen. Sollten Sie den Verdacht haben, dass die Überlastung chronisch ist oder wird, könnte eine Lösung in der Auseinandersetzung mit folgenden Fragestellungen liegen:

- Neige ich dazu, alles 100 %ig perfekt erledigen zu wollen?
- Fällt es mir schwer, mit meinem Vorgesetzten über das Thema Überlastung zu sprechen?
- Akzeptiere ich zu häufig die sogenannte Rückdelegation von Aufgaben, die ich anderen übertragen habe, an mich selbst?
- Berücksichtige ich bei meiner eigenen Zeitplanung zu

wenig die Empfehlung, 40 % der Zeit für Unvorhergesehenes, für plötzliche Veränderungen von Prioritäten und Einsatz für andere, die ausfallen, vorzusehen?

Einige dieser Punkte berühren Themenkreise, die wir im Rahmen dieses Buches nicht vertiefen können (wie z. B. die Entwicklung größerer Selbstsicherheit und Kommunikationskompetenz, um häufiger und auf angemessene Art und Weise auch Nein sagen zu können). Es lohnt sich, rechtzeitig kompetenten Rat einzuholen, oder auch die vorhandene Spezialliteratur (z. B. LOTHAR SEIWERT, „Das Bumerang-Prinzip") heranzuziehen, bevor Sie sich sehenden Auges in ein Burnout-Syndrom hineinmanövrieren, das dann möglicherweise monatelanger therapeutischer Behandlung bedarf.

Welche Lösungsmöglichkeiten bieten sich bei akuten Stresssituationen und temporären Unfähigkeiten?

Die Füße auf den Boden zu stampfen und das trotzige Kind zu spielen ist kein angebrachtes Verhalten in stressigen Situationen. Die Frage, wie man die angespannte Situation erfolgreich entschärfen kann, hilft einem eher weiter. Die Konzepte von **Resilienz** und **Persistenz** schaffen die richtigen Voraussetzungen, um konstruktiv damit umzugehen.

Annehmen: Resilienz

HEIKO ERNST (2003) definiert Resilienz als die Fähigkeit, aus Schicksalsschlägen zu lernen und daraus stärker und klüger hervorzugehen. In der Psychologie bezeichnet Resilienz die Stärke eines Menschen, Lebenskrisen wie Krankheiten, Arbeitslosigkeit, Trauer etc. ohne anhaltende Beeinträchtigung durchzustehen. So werden z. B. Kinder als resilient bezeichnet, die sich zu erfolgreich sozialisierten Erwachsenen entwickeln, obwohl sie in einem durch Drogen, Armut und Gewalt belasteten sozialen Umfeld aufwuchsen. Resilienz ist die Art, wie ein Mensch innerlich auf das reagiert, was ihm das Leben beschert.

Obwohl Resilienz oft als die Widerstandskraft unserer Seele bzw. unserer Psyche definiert wird, hat sie eher mit einem Annehmen zu tun als damit, Widerstand zu leisten. Widerstandskraft impliziert, dass auf Druck mit Gegendruck reagiert wird. Sie können sich über Ihre Situation oder Aufgabe ärgern, sich dagegen wehren und ankämpfen, doch damit kommen Sie nicht weiter. Resilienz ermöglicht es Ihnen, dass Sie die temporäre Unfähigkeit annehmen und weder Zeit noch Energie verschwenden, um in den Widerstand zu gehen. Sie leiten die Energie um und setzen sie für einen konstruktiven, kreativen Umgang mit dem Vorhandenen ein, um an der Lösung zu arbeiten. Resilienz ist mehr als nur passive Hinnahme, sie ist etwas Aktives, Positives, Bejahendes, eine kreative Bereitschaft, die Situation anzunehmen und das Beste daraus zu machen. Es geht nicht darum, sich etwas vorzumachen oder wahre Gefühle zu verleugnen. Wenn Sie resilient sind, heißt es nicht, dass Sie Unrecht einfach ignorieren oder sich von anderen schikanieren und beherrschen lassen. Es geht vor allem darum, dass Sie lernen, die Dinge aus einem anderen Blickwinkel zu sehen. Was geschieht, geschieht nicht gegen Sie, sondern für Sie.

Wenn Sie auch an Ihren Krisen bzw. Situationen temporärer Unfähigkeit wachsen und nicht zerbrechen wollen, können Sie an Ihrer Resilienzfähigkeit anhand der folgenden sieben Punkte arbeiten:

1. Annehmen der Situation und der damit verbundenen Gefühle

Resiliente Menschen wissen, dass Weglaufen nicht hilft. Werden Sie sich klar darüber, dass Sie zurzeit keine klaren Gedanken fassen und auch keine weitreichenden Entscheidungen fällen können. Gehen Sie davon aus, dass es eine Zeit geben wird, in der Sie wissen werden, was zu tun ist. Bis dahin suchen Sie sich einen Ort (z. B. das eigene Bett, einen Ort in der Natur) und lassen Sie Ihren Gefühlen freien Lauf.

2. Sich nicht als Opfer fühlen

Es ist normal, am Anfang einer stressigen, schwierigen Zeit keine Hoffnung auf Besserung zu haben, alles grau in grau zu sehen und sich als Opfer der Umstände zu fühlen („ich weiß nicht, was ich tun soll; ich kann nicht …"). Doch nach einer gewissen Zeit braucht es ein Umdenken über die Situation: „Ich denke über Lösungen nach, ich gehe neue Wege, ich probiere andere Strategien aus" sind Gedanken und Wörter, die sich konstruktiv auswirken.

3. Seinen Anteil erkennen

Ein Merkmal resilienter Menschen ist es, ihren eigenen Anteil an der Situation realistisch einzuschätzen. Erkennen Sie, was Sie selbst und was andere oder die Bedingungen dazu beigetragen haben. Somit übernehmen Sie Verantwortung und erhalten Ihr Selbstwertgefühl.

4. Lösungsorientierung

Es gibt unterschiedliche Arten, auf nervenaufreibende und stressige Zeiten zu reagieren: „Warum passiert mir das gerade?", „Das schaffe ich niemals …" Sie können auch sagen: „Ja, vor mir liegt eine schwierige Zeit – was kann ich tun, damit ich diese meistern kann?" Mit der zweiten Möglichkeit entscheiden Sie, welche Folgen das Geschehene für Sie haben wird.

5. Neue Wege mit andern zusammen suchen

Resiliente Menschen sind bereit, mit anderen über ihre Sorgen zu reden und versuchen nicht, alles alleine zu lösen. Menschen, die in Netzwerken wie Freundeskreis und Familie eingebunden sind, können besser mit schwierigen Zeiten umgehen. Achten Sie darauf, mit Menschen zu sprechen, die Sie unterstützen und fördern, anstatt flache Sprüche zu klopfen.

6. Optimistisch bleiben

Ohne die feste Überzeugung, dass sich die Dinge irgendwann zum Positiven wenden werden, ist Widerstandsfähigkeit nicht denkbar. Gehen Sie davon aus, dass negative Ereignisse begrenzt sind und auch wieder bessere Zeiten zu erwarten sind.

7. Zukunftsorientiert planen

Rechnen Sie mit den Wechselfällen des Lebens. Regelhafte Zäsuren im Lebenszyklus wie Heirat, Geburt, Tod naher Menschen, Älterwerden, Berufswechsel, Scheidung, Neuorientierung sind unvermeidlich. Es trifft Sie mental nicht völlig unvorbereitet, wenn Sie sich dies bewusst machen. Es ist normal, dass von Zeit zu Zeit im Laufe des Lebens die eine oder andere derartige Situation eintreten wird. Eine

Stresssituation ist leichter zu bewältigen, wenn man sich gedanklich damit schon einmal auseinandergesetzt hat. Das soll nicht bedeuten, dass Sie sich fortlaufend mit problematischen Schicksalsfügungen rein vorsorglich ins Grübeln hineinmanövrieren, sondern vielmehr, dass sie sich darauf einstellen, auch derartige Konfrontationen und Herausforderungen mit Ihren Möglichkeiten zu bewältigen.

Insgesamt kann man sagen, dass sich resiliente Personen nicht an Menschen, Ideen und Dinge klammern, die ihnen Stress und Sorgen bereiten. Eher haben sie die Einstellung, dass sich nichts festhalten lässt – das Gute nicht, das Schlechte nicht. Sie halten Niederlagen für vorübergehend, übernehmen die Verantwortung für ihren Anteil an der schwierigen Situation und betrachten Probleme als Herausforderungen, an denen es zu wachsen gilt.

Die Urheberin dieses Resilienzkonzeptes, MICHELINE RAMPE (2005), vertritt die Auffassung, dass man das Geheimnis der inneren Stärke mit dem Kochen eines Eintopfs vergleichen kann, der aus den oben genannten sieben Zutaten besteht (Bild 6). Der eine braucht mehr Kartoffeln, der andere mehr Fleisch, dem Nächsten fehlen die Vitamine. Vielleicht hat man eine Zutat nicht im Vorratsschrank und muss improvisieren. Wenn es beispielsweise gerade keinen gibt, der zuhört – also die Säule Netzwerk ausfällt –, kann eine Idee sein, zunächst alleine zu beginnen, nach konstruktiven Lösungen zu suchen.

Durchhalten: Persistenz

Persistenz ist gemeinsam mit Resilienz die zweite wichtige Komponente für eine konstruktive Haltung gegenüber Situationen temporärer Unfähigkeit. Persistenz meint Ausdauer,

Bild 6: *Kraftsuppe zur Stärkung der Resilienzfähigkeit*

Beharrlichkeit, Durchhaltevermögen. In der Motivationspsychologie wird damit das beharrliche Fortsetzen des Zielstrebens bezeichnet: Man arbeitet systematisch auf sein Ziel hin. Persistenz funktioniert am besten in Ergänzung mit Resilienz. Es ist einfacher in einer schwierigen Situation durchzuhalten, sobald Sie die Situation als solche angenommen haben. Persistent ist z. B. ein Arbeitnehmer in einer Krisensituation, der sich auf das Problem konzentriert, begreift, was er direkt beeinflussen und sofort ändern kann, und auf der Basis seiner Erkenntnis ein realistisches Lösungsszenario entwickelt, das er allmählich und schrittweise umsetzt. Hinter jeder erfolgreichen Unternehmung steckt eine lange Vorbereitung und geduldige Arbeit. Dauerhafter Fortschritt lässt sich nicht in einigen dramatischen Augenblicken erzielen. Sie müssen Stunde um Stunde, Tag für Tag daran arbeiten und sich ständig korrigieren, wenn es nicht vorangeht. Haben Sie vielleicht falsch angesetzt oder sich zu viel vorgenommen? War der Schritt vielleicht doch länger als das Bein? Bleiben Sie dran, denn nur mit Persistenz können Sie Ihre Ziele erreichen und temporäre Unfähigkeiten überwinden, ohne dabei den Mut zu verlieren. Wenn Sie Ihre Aufgabe in kleine, leicht zu bewältigende Schritte einteilen, brauchen Sie nicht nur auf den Abschlusserfolg am Ende Ihrer Arbeit zu warten. Der Weg trägt seinen Lohn in sich, denn er ist von lauter kleinen Erfolgen gesäumt. Jeder getane Schritt ist an und für sich ein kleiner Erfolg! Eine anfängliche Begeisterung schafft zuerst Schwung und Elan, aber nur mit Persistenz im Sinne von Ausdauer, Geduld und Fokussierung können wir die Höhen und Tiefen überwinden, die Aufgaben meistern und Pläne und Vorsätze in die Tat umsetzen.

Der Weg der kleinen Schritte

Stellen Sie sich vor, Sie haben mit der Aufgabe, mit der Sie sich seit Tagen gequält haben, endlich Frieden geschlossen. Sie haben Ihre Aufgabe resilient angenommen und möchten vorangehen. Wie gehen Sie vor? Fragen Sie sich zuerst, was das Ziel ist. Was wollen Sie mit dieser Arbeit erreichen? Wo wollen Sie hin? Ist dies einmal klar, dann gibt es noch den Weg, den Sie zurücklegen müssen, um dahin zu kommen. Wenn Sie den ganzen Weg betrachten, könnten Sie sich schnell entmutigt fühlen, weil er Ihnen zu lang vorkommt. Es wird sich anders anfühlen, wenn Sie den Weg zum Ziel in kleine Etappen aufteilen und systematisch vorgehen. Ihre Arbeit wird sich in eine Reihe kleiner Schritte verwandeln, die Sie nacheinander ausführen. Schritt für Schritt lässt sich jedes Ziel erreichen.

5.2 Realistisches Wachsen und Lernen

Temporäre Unfähigkeiten in einer Arbeitssituation rühren oft daher, dass Sie mit einem Thema oder einer neuen Herausforderung nicht vertraut sind. Um die Situation zu meistern, fehlen Ihnen die nötigen Kenntnisse oder Fähigkeiten, um die Situation optimal zu meistern. In dem vorausgehenden Abschnitt haben Sie erfahren, dass Sie als resilienter Mensch die Situation zunächst so annehmen können, wie sie ist. Dazu gehört auch, dass Sie Ihre Unwissenheit vor sich selbst eingestehen und akzeptieren. Das Konzept vom realistischen Wachsen und Lernen hilft Ihnen zum einen zu verstehen, dass es normal ist, dass Sie mit Ihrem gegenwärtigen Wissensstand nicht auskommen. Zum anderen, dass die Lösung in der Aneignung von neuen Lernstrategien und Einstellungen sowie möglicherweise dem Erwerb zusätzlichen Fachwissens besteht. Es geht darum, das eigene Lernen folgendermaßen unter die Lupe zu nehmen:

1. Schritt: Es ist in Ordnung, dass ich etwas nicht kann. Indem ich mir mein Unwissen eingestehe, räume ich die erste Hürde weg und bin offen und bereit, den Zustand zu ändern.

2. Schritt: Was habe ich zu lernen? Was möchte ich an neuem Wissen aufnehmen, um diese Situation zu verändern? Was muss ich besser verstehen, damit ich wieder handlungsfähig bin?

Unter dem Konzept vom realistischen Wachsen und Lernen verstehen wir eine Reihe von Ansätzen, Ideen und konkreten Tipps, die einen Menschen in temporären Unfähigkeiten unterstützen, aus der Sackgasse zu kommen. Dazu gehört erst einmal das Verständnis, dass die Problemlösung nicht von außen kommen wird, sondern von Ihnen selbst. Weder ein Sechser im Lotto noch unrealistische Träume und Vorstellungen werden Sie aus schwierigen Situationen retten. Nur Sie selbst können sich retten, indem Sie den Mut aufbringen, anzuerkennen, dass das Alte, das Ihnen bisher in Problemsituationen geholfen hat, nichts bringt und dass es Zeit für Neues ist: neue Strategien, neue Lösungen, neue Antworten. Jede neue Situation ist eine Gelegenheit zu wachsen und dabei Neues zu lernen.

Das Modell der vier Lern- und Wachstumsebenen beschreibt die Bewusstseinsveränderung bei Lernprozessen (Bild 7).

Ein Beispiel soll diesen Prozess veranschaulichen: Ihr Chef hat Sie zu einem Gespräch in sein Büro gebeten. Da nichts Besonderes vorgefallen ist und Sie das Tagesgeschäft routinemäßig und erfolgreich bewältigen, haben Sie keine Ahnung, was der Anlass sein könnte, zumal Sie erst vor zwei Monaten eine erfreuliche Gehaltserhöhung bekommen haben. Während Sie sich zu Ihrem Chef begeben, befinden Sie sich auf der unteren Ebene des Lernprozesses: Ihnen ist weder ein

Bild 7: *Die vier Stufen des Lernens*

Problem bewusst, noch haben Sie das Wissen, wie dieses Problem zu lösen ist. Ihr Chef begrüßt Sie freundlich, aber Sie merken, „es ist etwas im Busch". Denn seine Miene wird sofort nach dem Begrüßungslächeln ernst und er eröffnet Ihnen, dass sich zwei Ihrer Mitarbeiter bei ihm darüber beschwert haben, dass es aufgrund von häufigen Missverständnissen zwischen Ihnen und den Mitarbeitern zu Problemen in der Produktion kommt, die Ihnen dann von den Mitarbeitern vorgeworfen werden. In diesem Moment springt Ihr Bewusstsein auf eine höhere Stufe, denn Ihnen wird bewusst, dass es offensichtlich Kommunikationsschwierigkeiten gibt, die Sie bisher gar nicht wahrgenommen haben.

Ohne diese Stufe des Lernens – die zugegebenermaßen fast immer recht unangenehm und oft sogar richtig peinlich ist – kann kein Lernprozess zustande kommen. Deswegen haben wir so deutlich betont, wie wichtig das Eingestehen einer Lern-Notwendigkeit zunächst ist. Je ehrlicher Sie in diesem Moment bleiben, desto klarer wird Ihnen das fehlende Wissen.

Erst wenn bewusst ist, was fehlt, kann das Lernen beginnen. Es besteht darin, dass Sie sich auf die nächste Stufe des Prozesses begeben und sich das fehlende Wissen oder Verständnis aneignen. Indem Sie z.B. zunächst mit dem Chef und dann mit Ihren Mitarbeitern die Situationen rekapitulieren, bei denen es zu Missverständnissen gekommen war. Möglicherweise passiert das immer, wenn es zu hektisch zugeht, oder wenn Sie eine Auftragserteilung nicht gründlich genug vorbereitet hatten oder aus anderen Gründen. Vielleicht verstecken sich hinter den Missverständnissen auch ganz andere Konfliktursachen. All das werden Sie erst herausfinden, wenn Sie sich mit den Themen Kommunikation und Konflikte gründlicher auseinandersetzen. Das kann über das

Lesen entsprechender Fachbücher, den Besuch eines Seminars oder ein persönliches Coaching geschehen.

Wenn Sie sich mit dem so erworbenen Wissen und Verständnis nicht nur theoretisch vertraut gemacht haben, sondern es auch immer wieder und wieder praktisch eingesetzt haben, indem Sie bewusst ein neues Verhalten an den Tag gelegt haben, erreichen Sie irgendwann die höchste Stufe des Lernprozesses. Sie setzen das erworbene neue Wissen und das tiefere Verständnis unbewusst ein. Es wird Ihnen zur Gewohnheit und bedarf keiner bewussten Anstrengung mehr. Auf diese Art und Weise haben wir alles in unserem Leben gelernt, vom Schnüren unserer Schuhbänder bis hin zum rückwärts Einparken.

Der Neuropsychologe KARL PRIBRAM erklärt den Übergang von „bewusst mit Wissen" zu „unbewusst mit Wissen" so: *„Wenn wir etwas Neues lernen, müssen wir angestrengt und konzentriert bei der Sache sein, um alte Wahrnehmungs-, Denk- und Verhaltensmuster durch neue zu ersetzen. Nach und nach bildet sich dann ein ‚habituelles Verhaltenssystem' heraus, das tiefer reicht als das bewusste Denken und Tun – eine Art automatischer Antwort, eingeschliffen durch Üben, Üben, Üben"* (zitiert nach ERNST 2001).

 Hinterfragen Sie Ihren Erfahrungsgrad!

Weiß ich noch nicht, dass mir Wissen und Können fehlen?
Weiß ich, dass mir Wissen und Können fehlen? Welches?
Wende ich neues Wissen bewusst an?
Wende ich neues Wissen unbewusst an?

Der Bewusstseinssprung von „bewusst mit Wissen" zu „unbewusst mit Wissen" geschieht nicht von heute auf morgen, sondern benötigt viel Zeit, Geduld und Persistenz. Der Weg zwischen den beiden Ebenen kann mit dem langen und zähen Weg zur Meisterschaft gleichgesetzt werden. Vor allem drei Lernfehler sind es, die dabei als Fallen den Weg säumen:

- ▶ zu schnell aufgeben,
- ▶ gewaltsames Lernen ohne Pausen über den Erschöpfungsgrad hinaus („sich in etwas verbeißen"),
- ▶ sich mit einer der Zwischenstufen zufriedenzugeben.

Der Autor GEORGE LEONARD (2006) beschreibt einen „Meister" folgendermaßen: Er ist jemand, der es in seinem Tätigkeitsfeld zur Exzellenz gebracht hat und seine Fähigkeiten immer – auch in Stresssituationen – auf Abruf einsetzen kann, um das Bevorstehende zu meistern (z. B. ein Leistungssportler). Um es so weit zu bringen, hat er unablässig geübt und alle notwendigen Lernplateaus erklommen. Bildlich gesprochen ist Lernen kein gerader, ebenmäßiger Weg, sondern eher ein Aufstieg mit verschiedenen Hochebenen zwischendurch. Das Fortschreiten verläuft nicht gleichmäßig und stetig, sondern in Sprüngen. Einem mehr oder weniger kurzweiligen, erfolgreichen Aufstieg kann ein Plateau folgen, wo nichts zu passieren scheint. In Wahrheit aber arbeitet unser Unterbewusstsein weiter, nichtsdestotrotz fühlt es sich für uns wie eine Stagnationsphase an. Der Lernende hat den Eindruck, dass seine Bemühungen ihn nicht weiterführen, anscheinende Rückschläge vermiesen ihm die Freude am Neuen. Ein „Meister" hat diesen Lernablauf verinnerlicht und in seinem Werdegang keine von den Phasen übersprungen. Die Lernplateaus gelten nicht nur für Sportprofis und Genies, sondern für jeden von uns, der in seinem Leben durch die Aufnahme von neuem Wissen weiterkommen will.

So überwinden Sie Ihre Lernfehler!

Neigen Sie dazu, von Thema zu Thema zu springen und nicht über das erste Lernplateau hinauszukommen, dann wiederholen Sie folgende Affirmation: Ich bin ein Meister, der übt. Nur durch Übung kann ich mein Verhalten verändern.

Wenn Sie merken, dass Sie sich in ein Thema verbeißen, verlassen Sie für eine gewisse Zeit (etwa 10 % der Zeit, die Sie gerade ununterbrochen an dem Thema gearbeitet haben) die Situation: Legen Sie beiseite, was Sie gerade tun, und widmen Sie sich einer anderen Tätigkeit oder gönnen Sie sich eine Pause. Verbissenheit führt zum Zusammenbruch.

Ruhen Sie sich gerne auf Ihren Erfolgen aus? Neigen Sie zu Trägheit? Sie fragen sich, wozu überhaupt die Mühe? Sehr häufig bedürfte es nur weniger weiterer Anstrengungen, und man wäre auf der angenehmen Ebene des mühelosen Einsatzes der erworbenen neuen Fähigkeiten angelangt. Sie können nie im Voraus wissen, wann der nächste Plateausprung kommt. Sie können sich aber sicher sein, dass Sie ihn erreichen, wenn Sie nicht vorzeitig aufgeben. Vorzeitig aufgeben ist ein Merkmal von Menschen, die auf ihre Selbstbestimmung verzichten.

5.3 Freiheit aushalten

> *„… like a bird on a wire."*
> LEONARD COHEN

Bei der Idee von realistischem Wachsen und Lernen geht es auch und vor allem darum, den Grad unserer Freiheit zu erweitern. Jeder kennt die Versuchung der Gewohnheit. Sie ist der Feind der Freiheit, aber sie bietet Sicherheit. Wenn wir unsere Freiheit erweitern wollen, müssen wir auf Gewohnheiten und damit Sicherheiten verzichten. Freiheit ist riskant, wir müssen lernen, Freiheit auszuhalten. Aber mit jedem neuen Wissen und mit der Ausweitung unseres Verständnisses erwerben wir eine andere Ebene von Sicherheit. Wir lernen zunehmend darauf zu vertrauen, in jeder Situation spontan angemessen lösungsorientiert und wirkungsvoll handeln zu können. Schon der griechische Philosoph HERAKLIT hat uns versichert, dass das Einzige, das Bestand hat, der Wandel ist. Wir können nicht zweimal in den gleichen Fluss steigen. So müssen wir immer wieder bereit sein, Neues zu lernen und immer wieder die vier Lern- und Wachstumsebenen hinaufzuklettern.

Um eine größere Kompetenz zu erwerben und bevor Sie wirklich etwas Neues lernen können, gilt es also, sich mit unserer Angst vor dem Neuen, Fremden auseinanderzusetzen. Es ist natürlich, dass in einer neuen Situation oder angesichts einer neuen Herausforderung erst einmal Angst ausgelöst wird. Aber Angst hemmt und blockiert und kann uns davon abhalten, richtig zu handeln. In einer angstgetriebenen Situation neigen wir dazu, auf alte Denkmuster und Lösungen zurückzugreifen. Wir vertrauen lieber auf unser altes Wissen und bewegen uns dabei auf unseren gewohnten Schienen. Unsere Handlung ist reaktiver Natur, d. h., wir reagieren bloß auf das, was auf uns zukommt. Dadurch schließen wir vorzeitig neue Optionen und vielleicht bessere Möglichkeiten aus, mit denen wir Probleme lösen oder gesteckte Ziele verwirklichen könnten. Der Unternehmensleiter entscheidet sich z. B. kurz und bündig für die Entlassung etlicher Mitarbeiter, weil es sich in der Vergangenheit als Methode bewährt hat, um Kosten zu reduzieren. Diese Handlung ist die Wiederholung einer Gewohnheit und gleichzeitig ein Teufelskreis: Ein altes Denkmuster bestimmt die Handlung, die wiederum das Denkmuster stärkt. Am Ende haben wir möglicherweise sogar recht, weil unsere Lösung sich noch einmal bewährt hat. Wir werden aber allenfalls ein Stück besser in dem, was wir schon können. Aber wirklich etwas Neues haben wir dabei nicht gelernt. Für die Zukunft des Unternehmens kann sich diese schlichte Lösung schon recht bald verheerend auswirken: Es entsteht ein Klima der Angst, die Motivation der Mitarbeiter nimmt drastisch ab, die besten Köpfe suchen sich einen anderen Arbeitgeber, die Qualität und Quantität der Produktion erleidet Einbußen, Kunden ziehen sich zurück. Es dauert nicht lange, bis durch einen entsprechenden Presseartikel auch der Kurs an der Börse abrutscht und das Unternehmen in eine ernsthafte Krise gerät. Wenn man nur ein Werkzeug hat, z. B. einen Hammer, dann wird alles in der Umgebung zum Nagel – und möglicherweise sehr viel Porzellan zerschlagen.

Wir Menschen können eines unserer wichtigsten Güter, unsere Freiheit, erst dann richtig wahrnehmen, wenn wir Neues riskieren. Das heißt, wenn wir Ideen entwickeln, aus unseren Gewohnheiten ausbrechen und unsere Intuition ernst nehmen. Das Neue kommt in die Welt durch die Mutigen. Ohne sie würden wir immer noch in Fellen herumlaufen und uns in Höhlen vor wilden Tieren verstecken. In dem schmalen Spielraum zwischen diesem Mut und dem berechtigten Interesse, ein abgesichertes Leben zu führen, heißt Lernen, angemessene, folgerichtige und konsequente kleine Schritte ins Neuland zu wagen.

Wie entwickeln wir diesen Mut? Während die linke Großhirnhemisphäre stärker mit Einzelheiten und der kritischen Beurteilung von Situationen beschäftigt ist, kann die rechte Hemisphäre das Ganze überblicken und neue Perspektiven erschließen. Wenn wir die Welt nur mit der linken Gehirnhälfte wahrnehmen würden, sähen wir sie aus dem Blickwinkel von Fröschen, die nur ihre unmittelbare Umgebung wahrnehmen. Mit unserer rechten Gehirnhälfte können wir die Welt aus der Vogelperspektive sehen, uns einen Überblick verschaffen, Neues entdecken, das in der Zukunft liegt, und uns von Ängstlichkeiten befreien. Dieser Wechsel von der Frosch- zur Vogelperspektive ist, wenn er Ihnen gelingt, ein herrlicher Moment, in dem Sie spüren können, was das Leben eigentlich bedeutet (COLIN WILSON 1985).

Die Fixierung auf das sogenannte Tagesgeschäft, der extreme Termindruck und die Zersplitterung unserer Arbeitswelt mit ihren vielen Störfaktoren und Unterbrechungen und der Notwendigkeit, Fehler zu entdecken und zu beseitigen, zwingen uns ein ständiges Leben in der Froschperspektive auf. Ohne eine bewusste Unterbrechung der täglichen Routine gelingt es nicht, sich in die Vogelperspektive aufzuschwingen. Eine Vielzahl von Problemen könnte gelöst, Fehler könnten vermieden werden, zeitraubende Konflikte mit andern würden gar nicht erst entstehen, wenn wir entschieden häufiger als bisher den Perspektivwechsel in unserem Arbeitsalltag integrieren würden. Der vermeintliche Zeitverlust, der durch ein Nachdenken auf der Ebene der Vogelperspektive entsteht, wird bei Weitem wettgemacht durch die Optimierungsmöglichkeiten, die diese Ebene eröffnet. Die moderne Lernpsychologie, die sich gründlich mit diesem Perspektivwechsel beschäftigt hat, bezeichnet die von uns als Wahrnehmung aus der Vogelperspektive beschriebene Qualität als „Metakognition". (Siehe auch den von AGYRIS [1999] beschriebenen Unterschied zwischen Single-Loop- und Double-Loop-Lernen.)

Metakognition

Einige Fragen, die Ihnen helfen können, von der Frosch- zur Vogelperspektive zu wechseln:

- Was kann ich aus dem, was soeben abläuft, lernen?
- Was ist das Neue, das ich lernen kann?
- Welchen Sinn macht es für mich, genau dieses gerade jetzt zu lernen?
- Welchen Sinn macht es für das Ganze (zukünftige Arbeit, das Unternehmen, die Organisation usw.), genau dieses zu lernen?
- Mit welcher Absicht wurde der gerade ablaufende Prozess in Gang gesetzt? Besteht diese Absicht unverändert nach wie vor?
- Besitzt das Ziel, das erreicht werden sollte, noch Gültigkeit, oder macht es Sinn, ein neues Ziel zu definieren?

Ein Beispiel für diesen Perspektivwechsel hat ein Automobilkonzern geliefert, der ein ausländisches Unternehmen aufgekauft hatte: Zunächst arbeitete man einige Jahre mit immer größerem Einsatz und enormem Kostenaufwand daran, die Qualität der Produktion zu verbessern, indem man die Fehlerquote ständig gesenkt hat. Man hatte die erforderlichen Aktivitäten für eine Zeit also aus der oben genannten Froschperspektive betrachtet – und damit auch durchaus Erfolge erzielt. Zu einem gewissen Zeitpunkt wurde dann die Frage gestellt, welchen Aufwand es kosten würde, das Ziel der erwünschten hohen Qualität zu erreichen. Aus dieser Vogelperspektive heraus ergab sich das Ergebnis, dass dieses noch viele Jahre in Anspruch nehmen würde. Die Konsequenz war, dass man sich von diesem Ziel löste, und ein neues Ziel, nämlich den Verkauf des Unternehmens, in kurzer Zeit realisierte. Damit erreichte der Konzern schon bald wieder die erstrebte Gewinnmarge.

6 Gekonntes Miteinander

„Die Hölle, das sind die anderen."
JEAN-PAUL SARTRE

6.1 Umgang mit anderen

Wo Menschen zusammenarbeiten oder zusammenleben, gibt es nahezu immer auch Streit und Auseinandersetzungen. Zu häufige und zu heftige Konflikte sind Ursache erheblicher Belastung und können zu persönlichen Arbeitsstörungen wie auch zu massiven Beeinträchtigungen von Arbeitsabläufen und Produktivität führen. Dieses Paradox gilt es anzuerkennen, nämlich dass dort, wo Menschen kooperieren, gleichzeitig immer auch Konflikte herrschen. Auch hier heißt es, zunächst zu akzeptieren und nicht zu vermeiden oder zu versuchen, den Kopf in den Sand zu stecken. Erst dann, wenn wir den Konflikt als Ausdruck menschlicher Unterschiedlichkeit und Lebendigkeit und auch Quelle von Kreativität und Lernmöglichkeit annehmen, können wir uns fragen, wie wir mit Konflikten im Alltag so umgehen, dass wir selbst und andere so wenig wie möglich verletzt werden und der Arbeitsablauf so wenig wie möglich gestört wird. Vielmehr sollten wir überlegen, wie wir die positiven Anteile von Auseinandersetzungen und Streit möglichst weit in den Vordergrund treten lassen. Das gelingt leichter, wenn wir die dynamischen Hintergründe dessen erkennen, was uns oder andere veranlasst, uns über den anderen aufzuregen. Am besten ist es, wenn wir hier ganz praktisch werden:

Tiefenpsychologischer Waschzettel

Legen Sie das Buch für ein paar Minuten zur Seite, nehmen Sie sich ein Blatt Papier und denken Sie an einen Menschen, den Sie überhaupt nicht leiden können, oder an jemanden, über den Sie sich richtig aufregen können. Welche Eigenschaften oder Verhaltensweisen sind es, die bei Ihnen eine negative Resonanz auslösen? Beschreiben Sie die Aspekte, die Sie an diesem Menschen negativ bewerten (der ja durchaus auch eine ganze Reihe positiver oder anziehender Merkmale aufweisen kann). Schreiben Sie für den Zweck dieser Übung aber nur die negativen Persönlichkeitsanteile wie auf einem Einkaufszettel untereinander auf. Auf der anderen Seite werden Sie sich gewiss auch an einen Menschen erinnern können, den Sie besonders ansprechend, anziehend, bewundernswert oder sogar großartig empfinden. Greifen Sie auch hier wieder die besonders hervorstechenden, in diesem Fall positiven Aspekte heraus und schreiben Sie diese ebenfalls untereinander auf.

Der Sinn dieser Übung wird, wenn Sie nach der Übung weiterlesen, in wenigen Minuten auf eine sehr überraschende Weise deutlich werden. Bitte lesen Sie aber nicht weiter, bevor Sie diese Übung nicht praktisch durchgeführt haben. Sie würden sich selbst einer sehr wesentlichen Erkenntnis berauben.

Wir Menschen sind keineswegs die einheitliche Persönlichkeit, die wir gerne im Zusammenleben mit anderen nach außen darstellen. Vielmehr bildet sich schon von Kindesbeinen an eine außerordentlich bunte Mischung von Persönlichkeitsanteilen, die den Zweck haben, unser Überleben zu sichern, aber auch möglichst viel Spaß zu haben und Schmerzen und Leid zu vermeiden. Einige dieser Persönlichkeitsanteile sind uns vertraut. Von den uns vertrauten Anteilen sind uns einige angenehm, andere finden wir selbst nicht so sympathisch. Doch es gibt auch Aspekte von uns, die uns selbst nicht so geläufig oder sogar völlig fremd sind, die aber möglicherweise anderen Menschen auffallen und die diese wiederum als angenehm oder unangenehm wahrnehmen.

Es kommt sehr häufig dann zu Konflikten mit anderen Menschen, wenn diese verborgenen Anteile aufeinandertreffen und entweder uns oder die anderen überraschen. Machen wir uns das an ein paar Beispielen deutlich, die dem Buch „Du bist viele" von HAL und SIDRA STONE (2000) entnommen sind:

▶ Eine umsichtige, sanfte und freundliche Frau konnte ihren Chef nicht ausstehen, der „hart, egoistisch und nur an Ergebnissen orientiert" war.

▶ Ein verträumter, spirituell orientierter junger Mann empfand seinen finanziell erfolgreichen älteren Bruder als „fast schon fanatisch in seiner Jagd nach Geld, Macht und Frauen".

▶ Ein erfolgreicher Geschäftsmann konnte „Schwächlinge und Verlierertypen" nicht ausstehen; die fand er „zum Kotzen".

▶ Ein Klavierlehrer verlor immer wieder einen Teil seiner Schüler, weil er sich in aggressiver Weise über sie aufregte, wenn sie zu spät zu seiner Unterrichtsstunde kamen. Er hatte den Eindruck, dass sie den Unterricht nicht ernst nahmen und ihnen Pünktlichkeit ein Fremdwort war.

Die Beispiele zeigen auf, wie Persönlichkeitsanteile, die den Betroffenen nicht zugänglich sind, mit starken Gefühlen verknüpft sind. Die heftigen emotionalen Reaktionen hängen mit den enormen Energien zusammen, mit denen die unwillkommenen Persönlichkeitsanteile verdrängt und unterdrückt werden. Diese Anteile haben irgendwann im Leben der Betreffenden eine unheilvolle Rolle gespielt (sei es bei ihnen selbst oder in der Beobachtung anderer), sodass sie als bedrohlich und möglicherweise gefährlich aus dem eigenen Leben herauszuhalten sind. Wenn diese Eigenschaften oder Verhaltensweisen bei anderen auftauchen, wird das Gefühl der Gefahr oder Bedrohlichkeit geweckt, und wir müssen uns schützen.

Dieses Streben nach Abwehr und die Grundstimmung „so will ich nicht sein – so sollte man nicht sein" ist der Keim eines möglichen Konfliktes. Die andere Person sieht sich beim Aufkommen der negativen Reaktion veranlasst, sich ihrerseits zu schützen, weil sie wiederum diesen Teil ihrer Persönlichkeit akzeptiert und lebt und keinen Grund sieht, warum er negativ sein sollte oder unterdrückt werden müsste. (Natürlich wird sich dieser Mensch seinerseits wieder über andere Eigenheiten und Verhaltensweisen bei seinem Mitmenschen ebenfalls betroffen oder gestört fühlen und sich über diese Persönlichkeitsanteile aufregen können).

So kann z. B., falls Ihnen Pünktlichkeit wichtig ist, ein unpünktlicher Mensch großen Ärger auslösen. Andererseits kann Ihre Pünktlichkeit bei anderen den negativen Eindruck erwecken, dass Ihnen Äußerlichkeiten und Formalismen zu wichtig sind, dass Sie dazu neigen, pedantisch oder zwanghaft zu sein, und man Sie daher zu fröhlichen Geselligkeiten lieber nicht einlädt.

Da die Unterdrückung dieser verborgenen Anteile uns schützt und diese somit eine genauso wichtige Rolle spielen wie die offensichtlicheren Anteile, können und sollten wir sie nicht hinwegzaubern wollen. Die verborgenen wie die offensichtlichen Anteile sind unter uns Menschen bunt und gegensätzlich verteilt – und das Beste ist, dass wir das einfach so annehmen. Jeder Versuch, andere Menschen zu „besseren"

Menschen machen zu wollen, also das, was uns nicht an ihnen passt, zu verändern, muss zu Streit und Konflikten führen, da sich jeder Mensch gerne so akzeptiert sieht, wie er ist, und sich gegen Manipulationsbemühungen anderer aus seinem Selbsterhaltungstrieb heraus verteidigt.

Es geht als nicht um das Vermeiden oder Verhindern von Konflikten, sondern darum, so mit ihnen umzugehen, dass der Schaden so niedrig wie möglich bleibt, dass wir aus den Konflikten wie aus ihrer Bewältigung konstruktive Folgerungen ziehen und damit auch an dieser Stelle etwas lernen können. Vor allem können wir durch die Konfrontation mit anderen unsere verborgenen Persönlichkeitsanteile kennenlernen. Der Psychologe C. G. JUNG hat diese Anteile unsere „Schatten" genannt: Wir können uns bewegen, wie wir wollen, sie haften uns an und werden häufig von anderen umso deutlicher wahrgenommen, je weniger wir selbst uns über ihre Existenz im Klaren sind.

Sind Sie neugierig geworden auf Ihre eigenen verborgenen Anteile und „Schatten"? Wenn Sie jetzt zu der Übung zurückkehren, die Sie zu Beginn des Kapitels gemacht haben, bietet sich eine hervorragende Gelegenheit zur Erweiterung Ihrer Selbsterkenntnis. *Die* Eigenschaften und Verhaltensweisen, über die Sie sich bei anderen *ärgern*, oder auch diejenigen, die Sie bei anderen *bewundern*, sind allesamt auch Anteile *von Ihnen* – und sehr wahrscheinlich in einem erheblichen Ausmaß eher versteckte als offensichtliche Anteile. Verhaltensweisen und Eigenschaften von anderen, die uns gleichgültig sind, lösen keine emotionale Resonanz in uns aus. Sie spiegeln keine eigenen Anteile wider. Zugegeben, das ist auf den ersten Blick eine häufig eher unangenehme Erkenntnis, aber sie hilft einem, beim nächsten Konflikt sich selbst die Frage zu stellen, welcher Persönlichkeitsanteil gerade zu entdecken ist, dadurch dass ich mich bei jener Person über … gerade so herrlich aufregen kann. Oder welches noch unentdeckte Talent oder Potenzial in mir schlummert, weil ich … bei dieser Person so faszinierend finde.

Die Akzeptanz eigener verborgener Anteile im Moment der gefühlsmäßigen Resonanz nimmt in einer Konfliktsituation einen erheblichen Teil an Schärfe und Destruktivität und hilft uns, aus einer rein ichbezogenen Sicht herauszukommen. Auch der andere ist, wenn er emotional agiert oder reagiert, mit nichts anderem beschäftigt, als sich selbst in seiner Not zu schützen und das, was wertvoll erscheint, zu verteidigen.

Gerade bei Auseinandersetzungen im beruflichen Bereich spielen Werte und Wertvorstellungen eine erhebliche Rolle. Wir können durch das genaue Betrachten dessen, worüber sich andere bei uns aufregen oder wodurch sie sich verletzt fühlen, und dessen, was uns selbst aufregt oder verletzt, einen Einblick in eigene und fremde Werte und Wertsysteme verschaffen. Eine größere Transparenz darüber, was uns und anderen wirklich wichtig ist, ermöglicht dann auch wieder eine Kommunikation auf der sachlichen Ebene. Sie eröffnet die Chance zu Win-win-Lösungen, Kompromissen oder fairen Lösungen.

Auf jeden Fall wird durch diesen Prozess des Bewusstmachens der gesamte diffuse Angstkomplex nach und nach aufgelöst. Dadurch wird Ihre Kommunikation gelassener, löst weder bei Ihnen noch bei anderen weiter Stress aus und es werden Missverständnisse, Manipulationen und Irritationen von vornherein vermieden.

Sie finden eine Vertiefung dieser Gedanken bei BYRON KATIE (2002) oder im Internet unter www.thework.com.

6.2 Klare Kommunikation

Sich mit dem Aspekt „kraftvolle und klare Sprache" zu beschäftigen, ist nicht nur im Hinblick auf die Erreichung eigener Ziele wichtig, sondern auch im Umgang mit anderen. Eine klare Ausdrucksweise, bei der Sie offen kommunizieren, was Sie meinen, was Sie denken, wie Sie sich fühlen, führt dazu, dass Sie sich selbst darüber bewusster werden, was Sie „eigentlich" meinen. Klare Kommunikation ist damit ein weiterer wesentlicher Aspekt von selbstbestimmtem Arbeiten.

Wörter haben eine Wirkung auf uns selber und auf unsere Mitmenschen. Sie können – wie wir im letzten Kapitel gesehen haben – Konflikte hervorrufen oder Konflikte lösen, da Worte in gleichem Maße ein hohes Schöpfungs- und Zerstörungspotenzial besitzen, je nachdem, wie sie eingesetzt werden. Forschungen auf dem Gebiet der Psychoneuroimmunologie bestätigen, dass die Wörter, die wir benutzen, auf den Organismus wirken. Der Wissenschaftsjournalist NORMAN COUSINS stellte in seiner Arbeit mit 2000 Patienten fest, dass sich der Zustand der Patienten in dem Moment verschlechterte, wenn die Diagnose gestellt wurde – wenn also die Symptome durch Worte benannt wurden. Bezeichnungen wie „Krebs", „Multiple Sklerose" und „Herzerkrankung" lösten Panik, Gefühle der Hilflosigkeit und Depressionen beim Patienten aus, wodurch wiederum das Immunsystem des Körpers geschwächt wurde. Achtsame Ärzte wissen über die Kraft der Sprache Bescheid und wählen deshalb ihre Worte mit Vorsicht aus. Aber nicht nur Ärzte, sondern wir alle sollten die Kontrolle über unser Vokabular übernehmen. Wenn wir mit jemandem sprechen, denken wir daran, dass wir nicht nur sachliche Informationen austauschen, wie z. B. einem

Patienten seine Diagnose mitzuteilen. Es geht vor allem darum, was in der Kommunikationssituation bei unserem Gesprächspartner ankommt und wie die ausgewählten Worte bei ihm wirken.

In einem bewussten und achtsamen Umgang mit der Kraft der Sprache liegt die Chance, unsere Realität zu gestalten. Ändern wir unsere Ausdrucksweise, bewirken wir gleichzeitig eine Änderung in unserer Art zu denken, zu fühlen und zu handeln.

Kraftvolle Sprache im Arbeitsalltag

Lesen Sie zunächst von den folgenden Satzpaaren die linke Spalte. Was fühlen Sie dabei, wenn Sie den Satz wiederholen? Welche Bilder entstehen vor Ihrem geistigen Auge? Hören Sie sich beim Sprechen zu? Wie klingt Ihre Stimme? Wie ist Ihre Körpersprache (Gestik und Mimik), wenn Sie diesen Satz wiederholen?

Danach wiederholen Sie den Prozess mit dem Satz in der rechten Spalte. Wie sind Ihre Gefühle? Welche Bilder sehen Sie? Welchen Ton nimmt Ihre Stimme dabei ein? Wie sind Gestik und Mimik?

Was hat sich verändert? Fühlen Sie sich wohler, wenn Sie den linken oder den rechten Satz wiederholen? Welcher Satz baut Sie auf? Welcher zieht Sie herunter?

Ich komme mit meinem Gegenüber nicht zurecht!	Das, was ich meinem Gesprächspartner sagen möchte, kommt bei ihm nicht an.
Ich habe einen Vorschlag für dich.	Ich habe eine Anregung für dich.
Zu manchen Tätigkeiten muss man sich eben zwingen.	Ich nehme die Situation an und mache mich an die Arbeit.
Der Geschäftsführer hat mich am Telefon abgewürgt.	Der Geschäftsführer hat mich am Telefon unterbrochen.

Wir kämpfen im Büro regelrecht, damit wir endlich einen neuen Computer kriegen.	Wir Kollegen setzen uns dafür ein, dass wir schon bald einen neuen Computer bekommen.
Diese Aufgabe werde ich in Angriff nehmen.	Ich mache mich an diese Aufgabe.
Ich werde mich deswegen bei meinem Chef beschweren.	Ich werde dies bei meinem Chef zur Sprache bringen.
Da werde ich Druck machen.	Ich werde mich persönlich dafür einsetzen.
Man muss doch andere kritisieren, wenn sie einen Fehler machen.	Ich mache andere auf ihre Fehler aufmerksam, wenn ich es als erforderlich ansehe.
Nach all meinem Engagement erwarte ich von meinem Chef ein Zeichen des Dankes.	Meine Arbeit bereitet mir große Freude und bringt gute Resultate. Das erfüllt mich.
Wenn mir jemand einen solchen Vorwurf macht, dann muss ich mich doch rechtfertigen.	Wenn mir jemand einen Vorwurf macht, dann frage ich ihn, wie er zu dieser Annahme kommt, höre ihn offen an und sage ihm danach meine Sichtweise.
Eigentlich sitze ich gerne am Computer.	Ich sitze gerne am Computer.
Wann müssen wir mit dem Projekt loslegen?	Wann legen wir mit dem Projekt los?
Was kann ich nur gegen dieses Problem tun?	Was kann ich für die Problemlösung tun?
Dieses Projekt interessiert mich relativ wenig.	Dieses Projekt interessiert mich/interessiert mich nicht.

(In Anlehnung an „Die Kraft der Sprache" von MECHTHILD VON SCHEURL-DEFERSDORF):

Kraftvolles Sprechen

- Benützen Sie keine schwachen Passiv-Formulierungen, bevorzugen Sie das **Aktiv**.
- Anstelle des Konjunktivs („Ich sollte tun", „ich müsste eigentlich") nehmen Sie den **Indikativ**: „**Ich tue**".
- Vermeiden Sie schwammige und unklare „man"-Formulierungen zugunsten von **klaren Ichaussagen**.
- Ersetzen Sie „Ich muss" durch **„Ich will"**; „ich kann nicht" durch **„ich will nicht"**.
- **Streichen Sie** „**versuchen**" aus Ihrem Wortschatz.
- Bevorzugen Sie **positive Aussagen**. Berücksichtigen Sie das in Mitarbeitergesprächen: *Kommt z.B. einer Ihrer Mitarbeiter ständig unpünktlich, formulieren Sie Ihren Wunsch positiv: „Sehen Sie zu, dass Sie ab heute pünktlich kommen!", anstatt: „Sehen Sie zu, dass Sie nicht mehr zu spät kommen!"*

7 Lebensqualität schaffen

7.1 Initiieren, kreieren, erschaffen: HANDELN

„Niemals ist dir ein Wunsch gegeben, ohne die Möglichkeit, ihn zu erreichen. Es kann aber sein, dass du dich dafür anstrengen musst."

RICHARD BACH, Schriftsteller

Beim aktiven und bewussten Handeln geht es um das Thema der Selbstbewusstheit und damit um die Frage, wie Sie auf Reize reagieren, die auf Sie zukommen. Wie VIKTOR FRANKL erkannte, hat der Mensch zwischen Reiz und Reaktion immer die Freiheit zur Wahl. Ausschlaggebend ist also nicht das, was uns geschieht, sondern die Art, wie wir darauf reagieren. Unsere grundlegende Natur ist es, zu machen und nicht gemacht zu werden. Wir haben immer die Möglichkeit, unsere Reaktion auf bestimmte Bedingungen zu wählen und die Kraft, Bedingungen zu erschaffen. Die Initiative zu ergreifen heißt nicht zu drängen, unangenehm oder aggressiv zu sein. Es heißt vielmehr, die Verantwortung dafür zu übernehmen, dass die Dinge so geschehen, wie sie geschehen. Wenn Sie aktiv handeln, geben Sie nicht den anderen, den Kollegen, dem Chef, der Firma, der Branche die Schuld, sondern übernehmen die Verantwortung in Ihrem Einflussbereich. Wann immer Sie glauben, das Problem sei „da draußen", ist dieser Gedanke das Problem.

Lebensqualität entsteht, so COVEY, wenn man zwischen dem Reiz, der von außen in unser System eindringt, und der eigenen Reaktion eine Pause einlegt, in der man kurz darüber nachdenkt, welche Reaktion sinnvoll (= sich kohärent anfühlt, dem eigenen Wertesystem, den eigenen Zielen entsprechend) ist. So kann aus einem Automatismus, der möglicherweise ungewünschte Konsequenzen haben könnte, ein Moment bewusster, positiver Lebensgestaltung werden. Eine solche Haltung wird als proaktiv beschrieben und zeichnet Menschen aus, die sich aus den kindlichen Mustern heraus zu reifen Erwachsenen entwickelt haben.

> **Proaktivität** = Selbstbewusstheit + Vorstellungskraft + Kohärenzgefühl

Verhalten wir uns „re-aktiv", „re-agieren" wir auf ein Ereignis, ein Vorkommnis – und sind damit nicht die aktiven Gestalter, sondern die Passiven, die geduldig abwarten und hoffen, dass das, was kommt, für sie gut sein wird. Zufriedene Menschen sehen Erfüllung und Selbstbestimmung nicht als eine utopische Vorstellung, sondern als etwas, das realisierbar ist, wozu sie mit ihrem Verhalten etwas beitragen, zu dem sie eine proaktive Haltung einnehmen können. Ein Grundsatz beim proaktiven Handeln ist es, nur an Dingen zu arbeiten, über die man die Kontrolle hat, und keine Verpflichtungen einzugehen, die man nicht halten kann.

Das Gefühl von Sinnhaftigkeit, Zufriedenheit und Selbstbestimmung – und letztendlich Glück – ergibt sich immer als Begleiterscheinung von bewusster Aktivität, klaren Entscheidungen und selbstverantwortlichem Leben. Der Eindruck, selbstbestimmt und erfüllt zu arbeiten, hat stets etwas damit zu tun, sich anzustrengen, Schwierigkeiten zu überwinden, Hindernisse zu beseitigen: durch das Wachstum von Kräften, durch intensiven Austausch, durch Geben und Nehmen in der Beziehung mit anderen.

Eine proaktive Haltung ist ein wichtiger Baustein auf dem

Weg von der Fremdbestimmung zur Selbstbestimmung und Selbstverantwortung. Sie werden sich damit der Verantwortung, die Sie für Ihr Leben haben, bewusst und nehmen diese offen an. Sie erkennen klar, welchen Preis Sie wofür bezahlen, wenn Sie es nicht tun. In diesem Sinne lässt sich das Wort Verantwortung bzw. Selbstverantwortung verstehen: Es ist Ihre ganz eigene Antwort, wie Sie auf die Herausforderungen und Themen des Lebens antworten, welche Antwort Sie ganz persönlich auf die Fragen geben, die Ihnen das Leben stellt. Sie können weiterhin in der altgewohnten Weise reagieren und in Ihren alten Strukturen verhaftet bleiben. Die Annahme, alles würde im Großen und Ganzen auch beim Alten bleiben, ist aber eine ruinöse Illusion. Nichts bleibt beim Alten. Jedes lebendige System braucht die Zufuhr von Energie und Anstrengungen zur Erhaltung der Struktur, sonst bricht es in sich zusammen. Wenn Sie selbst diese Energie nicht bewusst einbringen, wird Ihr Überleben davon abhängen, dass andere dies tun. Damit wird Ihr Abhängigkeitsgrad zunehmend größer und Ihre Selbstbestimmung zunehmend geringer. Ein selbstbestimmtes Leben gelingt nur, wenn Sie auf die Fragestellungen des Lebens immer wieder eigene Antworten finden.

Es ist und bleibt alleinig Ihre Entscheidung, ob Sie reaktiv oder proaktiv durchs Leben gehen, ob Sie sich als Opfer der Umstände oder als Gestalter Ihres Lebens erleben, ob Sie es sich möglichst bequem machen wollen oder ob Sie Herausforderungen annehmen. Mitnichten soll darüber geurteilt werden, welche Haltung besser oder schlechter ist – es geht darum, zu verstehen, wie hoch der Preis ist, den Sie zahlen. *„Was Sie hineingeben, bekommen Sie auch heraus"* ist ein universelles Gesetz. *„Von nichts kommt nichts"*, sagt der Volksmund – streben Sie nach Sinn, Erfüllung, Selbstbestimmung und letztlich Glück, so fangen Sie an zu geben, proaktiv zu handeln, zu gestalten.

„Ob es zu einem guten Ende kommt, kannst du nicht wissen. Aber mache dir niemals den Vorwurf, nicht dein Bestes gegeben zu haben."

REINHARD SPRENGER

Ihrer Werte und Ziele sind Sie sich jetzt schon bewusst geworden, nun ist der Moment gekommen, ins aktive Handeln zu kommen und konkrete Schritte zu unternehmen. Suchen Sie sich Herausforderungen, wachsen Sie, dehnen Sie sich aus. Und wenn es einmal nicht so klappt, wie Sie es wünschen, lernen Sie daraus. Machen Sie es beim nächsten Mal besser. Wenn Sie den Misserfolg als Möglichkeit von vornherein ausschließen, verhindern Sie zugleich Erfolg. Fehler und Misserfolg können etwas sehr Produktives sein, wenn Sie sich von dem Fehlschlag nicht entmutigen lassen. Forschungen über die Entwicklung von Selbstvertrauen bestätigen: Unser Selbstvertrauen wächst ausschließlich aus der Erfahrung, sich aus eigener Kraft aus Krisen und Niederlagen befreit zu haben – und nicht aus netten Fernsehabenden bei Erdnussflips, gemütlichen Spaziergängen bei schönem Wetter oder beim Kaffeeklatsch mit guten alten Freunden. Solange Sie sich in Ihrer Komfortzone aufhalten, bieten sich Ihnen keinerlei Möglichkeiten von Wachstum, Weiterentwicklung und letztlich Erfüllung.

Raus aus der Komfortzone

Erstellen Sie eine Liste mit mindestens drei Möglichkeiten, in welchen Bereichen Sie in Ihrem Arbeitsleben eine Herausforderung, die Ihnen Nervenkitzeln verursacht, annehmen können. Die anstehende Präsentation vor mehr als 20 (40, 60, 100?) Mitarbeitern halten? Ein ehrliches Gespräch mit Ihrem Chef oder einem unliebsamen Kollegen führen? Eine wichtige Verhandlung führen?

Denken Sie neu!

Denken und sprechen Sie drei Tage lang ganz bewusst und achtsam nicht mehr in „Problemen", sondern in Themen oder Herausforderungen! Sobald Sie *denken*, dies ist ein Problem, korrigieren Sie sich und denken Sie, es ist ein Thema, um das ich mich kümmere, oder es ist eine Herausforderung, für die ich eine Lösung finde. Genauso *sprechen* Sie das Wort „Problem" nicht aus, benutzen Sie stattdessen die Wörter „Thema" oder „Herausforderung" oder Ähnliches. Fühlen Sie sich dabei gut, behalten Sie diese Wortwahl bei!

Angst vor Fehlern

„Den größten Fehler, den man im Leben machen kann, ist, immer Angst zu haben, einen Fehler zu machen", sagt DIETRICH BONHOEFFER. Die Angst, etwas falsch zu machen, kann einem am Vorwärtsgehen hindern. Die proaktive Art, mit einem Fehler umzugehen, ist die, ihn sofort anzuerkennen, zu korrigieren und aus ihm zu lernen. In jedem Fehler steckt eine riesige Chance, die fantastische Möglichkeiten birgt, es beim nächsten Mal besser zu machen. Stempeln wir einen Fehler als unliebsames, peinliches oder sogar kränkendes Ereignis ab, haben wir keinen Zugang zu dem innewohnenden Lerneffekt. *„Erfolg beruht oft genug auf Fehlern"*, sagt IBM-Gründer T. J. WATSON.

7.2   Den Willen stärken

Einen starken Willen kann man mit Zielstrebigkeit, Entschlossenheit, Ausdauer, klare Sicht und Weisheit beschreiben. Die Funktion des Willens besteht darin, alle Fähigkeiten und Energien des Menschen auf konstruktive Weise zu nutzen. Der Wille lässt sich am besten mit einem Steuermann eines Schiffes vergleichen. Er kennt den Kurs des Schiffes und verfolgt ihn trotz der Strömungen, die Wind und Wellen verursachen. Die Kraft, die er für das Drehen des Steuerrades braucht, unterscheidet sich völlig von der, die für die Fortbewegung des Schiffes erforderlich ist, egal ob sie von Maschinen, vom Druck des Windes auf die Segel oder durch Ruderer erzeugt wird. So gesehen sind unsere Ziele, Intuitionen, Motive, Gefühle und Vorstellungen unsere Antriebskräfte, die uns nach vorne bewegen, während der Wille die konstruktive, leitende und regulierende Kraft ist, die uns als Steuermann den Weg weist. Die Motivation durch Ziele ist also die eine Seite der Medaille, die andere ist ein starker und bewusst ausgeprägter Wille.

Doch im Alltag kämpfen wir oftmals mit unserem inneren Schweinehund, der von einem starken Willen nichts wissen will, sondern fleißig dabei ist, uns von dem abzuhalten, was wir eigentlich tun wollen. Was tun? Der innere Schweinhund ist zwar raffiniert, aber nicht sehr intelligent. So können wir unsere Intelligenz (und d.h. hier vor allem wieder unser Bewusstsein) nutzen, um aus einem Mangel an Willen z.B. bei der Arbeit einen starken Willen werden zu lassen. Denn der Wille lässt sich trainieren – genauso wie ein Muskel. Wir können einige sehr wichtige persönliche Antriebe wie z.B. Ehrgeiz oder Stolz mobilisieren, die bei den meisten Menschen tatkräftiger sind als der reine Wille. Aus Stolz und Ehrgeiz können wir große Energiemengen in Gang setzen (und natürlich auch aus anderen persönlichen Motiven).

„*Einer der besten Anreize ist der Spieltrieb*", schreibt ROBERTO ASSAGIOLI, ein Psychologe, der sich speziell der Erforschung des Willens gewidmet hat, „*die sportliche Einstellung eines Wettbewerbs mit sich selbst erzeugt einen Antrieb, der interessant und amüsant ist und keinen Widerstand oder Rebellion hervorruft, die sich durch ein gewaltsames Aufdrängen des Willens ergeben würde.*" Mobilisieren Sie z.B. Ihren sportlichen Ehrgeiz, indem Sie in diesem Sinne eigene kleine Wettkämpfe mit sich selber veranstalten. „Diese zwei Seiten schreibe ich jetzt in weniger als einer Stunde" oder „Vor dem Mittag erledige ich noch drei Telefonate." Damit diese Übung wirklich funktioniert, machen Sie sich klar, was Sie besonders antreibt. Eine Erinnerung an Situationen, in denen Sie einen starken Willen bei sich erlebt haben, kann beim Auffinden dieser Ressourcen äußert hilfreich sein (ASSAGIOLI 1982).

Des Weiteren bietet uns der Alltag verschiedene Gelegenheiten, unseren Willen zu trainieren. Es gibt eine ganze Reihe von Handlungen, die wir entweder schnell hinter uns bringen wollen oder unbewusst ausführen. Versuchen Sie in Ihrem Alltagsleben, die Kontrolle und die Führung sonst unbewusster Handlungen zu übernehmen. Im Folgenden einige Denkanstöße:

▶ Führen Sie beim Ankleiden alle Bewegungen genau und aufmerksam aus.
▶ Entscheiden Sie sich willentlich, Ihre Mahlzeiten entspannt und in aller Ruhe zu sich zu nehmen und sich nicht von Grübeleien ablenken zu lassen. Kauen Sie bewusst und schenken Sie Ihrem Essen Aufmerksamkeit.
▶ Üben Sie sich in Geduld und Gelassenheit, wenn sich Ihre

Bestellung im Restaurant verzögert, Sie auf den Bus warten oder ein Kollege Sie warten lässt.

▷ Kontrollieren Sie die Hast, eine Aufgabe zu beenden. Entscheiden Sie sich für die Formel „wenig und oft": Leisten Sie die Arbeit in kleinen Raten und legen Sie kurze und häufige Ruhepausen ein, bevor die Müdigkeit Sie übermannt. Diese Praxis unterstützt und stärkt Beharrlichkeit, Ausdauer und Geduld, die zu den Eigenschaften des Willens zählen. Sie erzeugt außerdem einen geordneten Rhythmus in Ihrer Arbeit und schafft dabei ein konstruktives Fließen.

▷ Begegnen Sie dominierenden Vorgesetzten oder anspruchsvollen Partnern mit Gelassenheit, Geduld und dem festen Ziel, richtige menschliche Beziehungen führen zu wollen.

Die Technik des „Handelns, als ob" wird dazu genutzt, den Willen zu unterstützen. Am Beispiel des französischen Generals TURENNE (1611–1675), der für die Tapferkeit auf dem Kampffeld bewundert wurde, lässt sich diese Methode am besten verstehen. Als einmal TURENNE wegen seines Mutes beglückwünscht wurde, sagte er: *„Natürlich benehme ich mich wie ein tapferer Mann, aber die ganze Zeit habe ich Angst. Natürlich gebe ich dieser Furcht nicht nach, sondern sage zu meinem Körper: ‚Zittre, altes Gerippe, aber geh!' Und mein Körper geht."* TURENNE nahm seine Angst an, handelte aber, als ob er keine hätte. Dies machte seinen Mut aus.

Das Trainieren des Willens lässt sich auch mit dem Wachsen einer kleinen Pflanze vergleichen: Es braucht guter und sorgsamer Pflege, solange sie noch zart und klein ist. Mit der Zeit wird sie wachsen, größer und stärken werden, bis schließlich ein kräftiger, im Boden fest verwurzelter Baum daraus geworden ist. Lassen Sie Ihren Willen wachsen und stark wer-

Handeln, als ob

Bei dieser Methode tun Sie so, als ob Sie tatsächlich einen erwünschten inneren Zustand erreicht hätten. Der Wille kann sich nur bedingt – wenn überhaupt – Emotionen und Gefühle auferlegen. Dafür kann er viel direkter auf körperliche Haltung und äußere Handlungen einwirken. Daraus gewinnen Sie ein Gefühl der Freiheit und der Unabhängigkeit von Ihren Gefühlen sowie körperlichen und psychischen Zuständen. Seien Sie in der Praxis so, wie Sie sein wollen. Beispiel: In einem schwierigen Gespräch mit einem Vorgesetzten tun Sie so, als seien Sie der Lage gewachsen und völlig souverän. Begegnen Sie Ihrem Gesprächspartner selbstbewusst, locker und offen. Je öfter Sie auf diese Art Ihre Angst überwinden, umso eher wird das neue Verhalten selbstverständlich für Sie werden.

den und setzen Sie ihn ein, um Selbstbestimmung und Erfüllung in Ihr Arbeitsleben zu bringen.

Erfüllen Sie sich Ihre eigenen Bedürfnisse, erleben Sie Freude. Ein starker Wille hängt immer mit Freude zusammen. Resultate, die mit dem Einsatz eines starken Willens erreicht wurden, haben oftmals eine erstaunliche Qualität. Das Ergebnis eines erfolgreichen Wollens ist die Erfüllung Ihrer ureigensten Bedürfnisse, was Sie immer zu tiefer Freude und Erfüllung führen wird. Die Realisierung des „Selbst" – das, was Sie ausmacht mit Ihren eigenen Bedürfnissen, Werten, Ideen und Lebensvorstellungen – gibt Ihnen ein Gefühl der Freiheit, der Kraft und der Selbststeuerung, das im Innersten pure Freude ist.

Auf Ihrem persönlichen Weg zum selbstbestimmten Arbeiten sollten Sie sich von der chinesischen Weisheit „Der Weg ist das Ziel!" leiten lassen. Wenn Ihnen das Gehen auf dem Weg, der Ihnen am Ende das Erreichen Ihres gesteckten

Ziels ermöglicht, keine Freude bereitet, so überdenken Sie unbedingt Ihr Vorhaben. Der Bergsteiger, der die Mühen des Weges allein deswegen auf sich nimmt, weil ihn der Kick des Gipfelerlebnisses reizt, verpasst viele Möglichkeiten zur Freude während des Anstieges: Bewegung an der frischen Luft, Begegnungen mit Natur- und Tierwelt, die Einkehr auf der Almhütte bei frischer Milch und gutem Käse, die Unterhaltung mit anderen Bergsteigern; aber auch die Freude über die Steigerung seiner eigenen Kompetenz und Geschicklichkeit mit jedem Berg sowie über das Überwinden der eigenen Bequemlichkeit.

Der Weg ist das Ziel – so richtig diese uralte Weisheit ist, so sollten wir sie nur dann als Prinzip der Lebensgestaltung beherzigen, wenn wir uns auch das chinesische Original dieses Satzes anschauen. Dann wird deutlich, dass „Weg" nur eine der möglichen Übersetzungen ist. Eine andere Übersetzung des Tao lautet „der Sinn". Wenn der Sinn das Ziel ist und wenn wir ein sinnvolles Leben führen wollen, können wir uns an den Erkenntnissen von Victor Frankl orientieren. Er hat festgestellt, dass Menschen dann ihr Leben als sinnvoll empfinden, wenn sie Werte verwirklichen. Wenn wir Ost- und Westverständnis hier zusammenführen, dann geht es darum, im Leben die Werte zu realisieren, die uns wichtig sind. Werterealisierung bedeutet Klarheit zu gewinnen für das, was wesentlich ist, und es dann auch zu leben. Das wird praktisch, wenn wir uns Ziele setzen, mit denen wir für uns oder andere das wirklich Wichtige Wirklichkeit werden lassen. So stimmt der zitierte Satz nur, wenn wir uns auf einem Weg zu einem Ziel befinden. Wenn er als Ausrede benutzt wird, Ziele nicht ernst zu nehmen, sich erst gar keine Ziele zu setzen, werden andere uns für die Realisierung ihrer Ziele gerne und leicht in Anspruch nehmen.

Wir hoffen, wir haben Ihnen in unserem Pocket-Power-Buch Anregungen geben können, selbst zu bestimmen, welche Richtung Sie einschlagen, welchen Weg Sie gehen wollen. Ja, es führen viele Wege nach Rom. Es führen viele Wege zu einem selbstbestimmten Leben. Aber vor dem ersten Schritt – auf welchem Weg auch immer – liegt die *Entscheidung*, „nach Rom" zu wollen. Es ist notwendig, die Verantwortung für den eigenen Lebensweg zu übernehmen, sich zu entschließen, die vorhandene Freiheit auszuhalten oder sie wiederzugewinnen, sich für Lebendigkeit, Kreativität und Liebe, für das Ausschöpfen der eigenen Talente, für konkrete Ziele und dann immer wieder für die Präsenz im Hier und Jetzt zu entscheiden. Sie haben jetzt sieben konkrete Impulse zur Verfügung. Nun können Sie sich den Fragen stellen:

Wer, wenn nicht ich?

Wann, wenn nicht jetzt?

Anhang 1: Antriebskräfte erkennen (mit einer Anleitung zu geleiteten Fantasien)

Auszug (leicht bearbeitet und gekürzt) aus dem Buch „Selbstmotivation – Flow statt Stress oder Langeweile" von Gerhard Huhn und Hendrik Backerra, Carl Hanser Verlag.

Seine eigenen Werte bewusst zu erkennen oder neu festzulegen ist ein besonders wichtiger Schritt zur Selbstmotivation. Wenn Sie diesen Prozess vollführt haben, haben Sie den entscheidenden Wendepunkt erreicht, sich mehr und mehr vor den Manipulationen der anderen und der Außenwelt tatsächlich schützen zu können und Ihr eigenes Leben zu leben.

Aber *Achtung*: So sehr wir hier die Bedeutung einer *bewussten* Beschäftigung mit den eigenen Werten betonen, so dürfen wir doch die Bedeutung der nicht bewusst zugänglichen Anteile des menschlichen Antriebssystems nicht vernachlässigen. Es spricht nach dem heutigen Stand der Forschung viel dafür, dass es bereits vor dem Spracherwerb des Kleinkindes zu der Ausprägung von grundlegenden („basalen") Motivationsstrukturen kommt. Sie sind individuell unterschiedlich. Es sind von der Anzahl her einige wenige, universelle, wahrscheinlich evolutionsbiologisch emergierte Bedürfnisse (wie z. B. Leistung, Macht, enger Anschluss an andere Menschen, Wettbewerb, Intimität usw.), die allerdings der jeweiligen Person in der Regel nicht bewusst zugänglich sind. Andererseits sind die aus ihnen resultierenden Verhaltenseffekte langfristig und sie setzen sich insbesondere in offenen Situationen – ausgelöst durch momentane Reize – immer wieder durch.

Die noch in den Anfängen steckende Erforschung dieser Motivationsanteile beruft sich auf Erkenntnisse bei der Interpretation von mehrfach deutbaren Bildern. Auch geleitete Fantasien/Imaginationen oder das katathyme Bilderleben nach Leuner liefern Hinweise auf diese tief liegenden Antriebe.

Mit und nach dem Spracherwerb bilden sich dann zusätzlich die sogenannten „motivationalen Selbstbilder" aus. Das sind dann die Motive und Werte, die unserer bewussten Erkenntnis zugänglich sind, mit denen wir also bewusst umgehen können.

Unter Bezug unter anderem auf D. C. McClelland betont Falko Rheinberg, emeritierter Psychologieprofessor aus Potsdam, die Bedeutung dieser Unterscheidung der basalen Motive zu den motivationalen Selbstbildern. Der sonst eher sehr zurückhaltend und behutsam formulierende Wissenschaftler beschreibt diese Unterscheidung als „fast revolutionäre Annahme". Der derzeitige Erkenntnisstand jedenfalls deutet darauf hin, „dass diese beiden Motivationssysteme gänzlich unabhängig voneinander sind"! Und wenn es zwei unabhängige Motivationssysteme gibt, dann besteht zumindest die Möglichkeit, dass diese nicht immer die gleichen Ziele verfolgen und möglicherweise von Zeit zu Zeit sogar sehr gegensätzliche Richtungen einschlagen können. Sind wir damit dem Geheimnis auf der Spur, warum sich manche Ziele beim besten Willen nicht verwirklichen lassen und in gewissen Bereichen immer wieder plötzlich Hindernisse auftauchen, die ein Projekt scheitern lassen?

Bei einigen der Versuchsteilnehmer stellte sich in der Tat überraschenderweise heraus, dass die aus den Fantasiereisen erahnbaren Motive in deutlichem Widerspruch zu den in Prozessen der Selbsterkenntnis bewusst benannten Werten und Motiven standen.

Was bedeuten diese Forschungen praktisch? Zunächst erscheint es geradezu unheimlich: Es gibt Motivationsthemen und innere Antriebe, die der persönlichen Erkenntnis verschlossen bleiben, die sich aber auf unser Verhalten auswirken. Wir tun etwas, können es aber weder uns selbst noch anderen recht erklären, warum wir es tun (oder auch bestimmte Dinge unterlassen). Darüber hinaus ist es denkbar, dass beide Motivationssysteme nicht kooperativ die gleichen Motive verfolgen, sondern sich möglicherweise sogar in einem widersprüchlichen Konkurrenzverhältnis zueinander blockierend auf das Verhalten auswirken. Umgangssprachlich (und von einem Teil der Ratgeberliteratur aufgegriffen) sind wir hier wohl auf der Spur zu unserem „inneren Schweinehund".

Wenn wir zwei derartige Systeme erst einmal als gegeben annehmen, ergeben sich Probleme im Alltagsleben natürlich nur dann, wenn tatsächlich Widersprüche vorhanden sind. Ansonsten verstärken sich beide Systeme gegenseitig.

Beispiele: Das basale Motiv „Wettbewerb" – besser zu sein als andere, andere besiegen zu wollen – steht mit dem bewusst artikulierten Wert „Teamarbeit" in einem antagonistischen Widerspruch. Ein Mensch, der eine derartige Konstellation in sich trägt, wird in seinem bewussten Verhalten kooperativ, kommunikativ und fair sein. Spitzen sich aber in Stressmomenten die Dinge zu oder droht ein Projekt zu scheitern, weil aufgrund langer Diskussionen Termine platzen, wird er die Initiative an sich reißen und aktionistisch dafür sorgen, dass er nicht in eine Verliererersituation gerät. Die Bedürfnisse und Überlegungen der anderen Teammitglieder werden schlagartig unbedeutend und übergangen. Oder ein Mensch, dem basal der Anschluss zu seinen Familienmitgliedern und Freunden wichtig ist, kämpft monatelang um eine Position in einer Überseevertretung seiner

Firma, da ihm auf der bewussten Ebene die Karriereentwicklung wichtig ist. Eine Woche vor dem geplanten Umzug verletzt er sich beim Freizeitsport so schwer, dass er ins Krankenhaus muss und der Auslandsjob einem Mitbewerber überlassen wird.

Gewiss werden Ihnen augenblicklich selbst einige weitere ähnliche Beispiele einfallen. Sei es in der Beobachtung von Menschen Ihrer Umgebung, sei es bei Ihnen selbst. So lohnt es sich sehr, auch die eigene Biografie zu durchleuchten und nach Indizien für verborgene Antriebe und Absichten zu schauen.

Wenn Sie jetzt beim Lesen neugierig werden sollten und sich fragen, ob derartige Widersprüchlichkeiten auch bei Ihnen vorliegen, dann macht es Sinn, das Thema zu vertiefen.

Als ein sehr aufschlussreiches Verfahren, basalen eigenen Antrieben auf die Schliche zu kommen, haben sich geleitete Fantasiereisen erwiesen.

Geleitete Imagination

Die folgende geleitete Imagination ergibt sich aus einer Verbindung von Bildern, die der Anleitungstext vorschlägt, und den Fantasiebildern, die Sie selbst erzeugen. Letztere stellen wiederum eine Verbindung dar von Bildern, die Sie mit Ihrer Vorstellungskraft schaffen, und anderen Elementen, die aus Ihrem Inneren einfach auftauchen. Damit sich diese Seite genügend kraftvoll mit einmischen kann, sollten Sie darauf verzichten, zu viel eigenen Einfluss auf das Zustandekommen der Vorstellungen ausüben zu wollen. Überlassen Sie sich mit einer kindlichen Neugier dem, was geschieht. Lassen Sie Bilder in sich auftauchen. Verzichten Sie auf jedes Bewerten,

Aussortieren oder Verwerfen; jeglicher selbstkritische Gedanke ist für die nächsten Minuten nur störend. Erlauben Sie sich einen maximalen Spielraum von Gedankenfreiheit. Gerade auch zunächst absurd erscheinende Einfälle können später zu Assoziationen führen, die Ihnen weitreichende Erkenntnisse über sich selbst ermöglichen.

Und es kommt nicht nur auf die Bilder an. Manchmal wollen gar keine Bilder auftauchen. Aber Sie verfolgen möglicherweise eine fiktive Unterhaltung, hören ein Musikstück, Klänge, Geräusche. Recht häufig kommen Geruchsempfindungen in den Sinn, man erinnert sich an einen Film, den man gesehen hat, an ein Theaterstück oder ein Buch, das man gelesen hat. Zeilen eines Gedichtes werden mit einem Male wieder lebendig usw., usw. Lassen Sie sich überraschen, es sind alles Informationen von Ihnen selbst, die Sie dann weiterverfolgen können, wenn Sie möchten.

Notieren Sie anschließend vor allem all die Assoziationen und Einfälle, die Sie haben werden, manchmal noch nach Stunden oder am nächsten Morgen, wenn Sie sich an einen Traum erinnern können. All diese Impulse können Wegweiser sein, den Zugang zu den tiefer liegenden, kognitiv nicht so leicht zugänglichen Motiven und Wunschvorstellungen zu finden. Aus diesen Bereichen schöpfen Sie Ihre besonders nachhaltigen Anstöße und Kraftreserven, hier finden Sie die Basis Ihres ganz individuellen, persönlichen Antriebssystems.

Es erleichtert es sehr, in diese Welt der Imaginationen einzutauchen, wenn Sie sich bewusst mithilfe der einen oder anderen Methode entspannen können. Autogenes Training, progressive Muskelentspannung, Yoga, Biofeedback, bestimmte Formen von Meditation sind bewährte Techniken, sich in einen angenehmen Zustand der inneren Ruhe zu ver-

setzen. Viele Menschen erleben eine angenehme Tiefenent-
spannung auch nach einem Saunabesuch oder nach inten-
siver sportlicher Anstrengung. Wählen Sie das, was für Sie
infrage kommt und leicht zugänglich ist.

Wenn Ihnen keine Entspannungstechnik bekannt ist, hilft
es, zunächst alle denkbaren Störungen auszuschalten. Also
einen Raum aufzusuchen, der Ihnen alleine zur Verfügung
steht (ein Schild aufhängen: Bitte nicht stören!), Telefone,
Musik- und TV-Geräte abschalten usw. Dann legen Sie sich
hin oder setzen sich in einen sehr bequemen Sessel. Sie
schließen die Augen und bereiten sich auf die inneren Bilder
vor, indem Sie einige Male sehr tief einatmen, jeweils ganz
langsam ausatmen, dann nicht mehr so sehr auf den Atem
achten und mehr den Körper spüren, der von der Schwerkraft der Erde in den Sitz oder auf die Unterlage hinunter-
gezogen wird. Spüren Sie, wie Sie auf eine angenehme Art
und Weise schwerer und schwerer werden. Sie werden ganz
ruhig und gelassen … und die Entspannung wird tiefer und
tiefer. Sie sind jetzt ganz ruhig und tief entspannt … Sie
sind gelassen … *Wiederholen Sie innerlich diese letzten Sätze,
bis Sie tatsächlich ruhig werden und diese tiefe Entspannung
spüren.*

Dann lassen Sie wie von selbst die Bilder eines optimalen
Arbeitstages in sich entstehen. Bilder eines Tages, an dem sich
Ihre Vorstellungen von selbstbestimmtem Arbeiten verwirklicht haben (am einfachsten ist es, wenn Sie sich diese Reise
von jemandem vorlesen lassen, ansonsten lesen Sie jeweils
einen Abschnitt, schließen dann wieder die Augen, entspannen sich, lassen einige Minuten die Bilder erscheinen, öffnen
die Augen wieder, lesen dann den nächsten Abschnitt usw.):

Der optimale Arbeitstag

Dieser Tag beginnt mit einer großen Selbstverständlichkeit. Es ist alles genau so, wie es sein soll. Sie sind gestern ruhig und entspannt eingeschlafen, glücklich und zufrieden, da die wichtigen Themen Ihres Lebens in eine schöne Balance geraten sind.

Jetzt nehmen Sie mit Ihrer inneren Sicht und all Ihren Sinnen wahr, wie Sie an diesem Tag wach werden. Die Augen bleiben weiter geschlossen und, gleichsam als ob Sie in einem Kino sind, nehmen Sie das Geschehen wie auf einer inneren Leinwand wahr. Sie sehen nun den Raum, in dem das Bett steht, in dem Sie geschlafen haben. Ist der Raum noch dunkel oder bereits von Licht durchflutet? Wie groß ist der Raum? Ist es ein Schlafzimmer oder sind Sie in einem Hotel? Vielleicht ist es auch ein Raum, in dem Sie gleichzeitig wohnen? Nehmen Sie sich ausreichend Zeit, auch sich verändernden Bildern zu folgen.

Ist noch jemand in diesem Raum oder wachen Sie alleine auf? Was sehen Sie sonst noch? Welche Möbel, welche Stoffe und Farben bestimmen die Inneneinrichtung dieses Raumes?

Sie gehen nun ins Bad und nach der Morgentoilette kleiden Sie sich an und finden sich dann am Frühstückstisch wieder. Wo frühstücken Sie? Jetzt werden die Bilder auch so deutlich, dass Sie wissen, ob Sie sich in einer Wohnung oder in einem Haus befinden. Wo liegt die Wohnung oder das Haus? Werfen Sie einen Blick aus dem Fenster, um ein Bild der Umgebung entstehen lassen zu können – oder Sie sitzen bereits auf einem Balkon oder einer Terrasse und überblicken die anderen Häuser oder schauen ins Grüne oder aufs Meer oder einen See.

Und nach dem Frühstück? Fahren Sie zur Arbeit oder ist Ihr Arbeitsplatz dort, wo Sie wohnen? Arbeiten Sie in einer Firma, bei einem Kunden oder in Ihrem eigenen Unternehmen oder Büro? Lassen Sie sich wieder Zeit, bis sich Bilder formen, die in Ihnen ein Gefühl der Stimmigkeit, der inneren Freude auslösen. Dann werden Einzelheiten Ihres Arbeitsalltags deutlich. Welche Rolle spielen Sie, welche anderen Menschen treten auf? Wer bestimmt den Arbeitsrhythmus? Ihre Kunden, Auftraggeber, Ihr Chef oder Vorgesetzter, Ihr Team oder Sie selbst? Welche Anteile des Alltags erzeugen möglicherweise noch Stress, welche Freude? Werden Inhalte Ihrer Arbeit deutlich? Für welche Leistung werden Sie bezahlt? Wer bringt Ihnen Wertschätzung entgegen und wofür? Wie erleben Sie Ihr eigenes Gelingen, das Gefühl von Kompetenz? Mit wem stehen Sie in Wettbewerb? Wann und wie macht es Spaß, zu gewinnen? Wie groß ist Ihr Einfluss auf das Geschehen? Sind Sie mit den anderen eher freundschaftlich verbunden oder nur kollegial? Wie unterscheiden sich möglicherweise diese Bilder von Ihrer tatsächlichen aktuellen Arbeitssituation?

Und schon ist es Mittag geworden. Zeit für ein Mittagessen. Wie und möglicherweise mit wem und wo essen Sie zu Mittag? Zeit für ein kleines Nickerchen oder einen kurzen Spaziergang um den Block oder durch den Park?

Wie geht es nachmittags weiter? Fortsetzung der Arbeit? Oder haben Sie Zeit für ein Golfspiel, für das Fitnessstudio, für anregende Gespräche mit Kunden, Geschäftsfreunden, Kollegen oder Freunden? Sind Sie in einem Verband oder Verein organisiert, in dem Sie eine wichtige oder auch nicht so wichtige Rolle spielen? Vielleicht müssen Sie eine Rede vorbereiten oder das Catering für einen Event organisieren?

Wie und wann schließen Sie Ihren Arbeitstag ab? Bereiten Sie sich auf den nächsten Tag vor? Wie ist Ihre Stimmung, mit welchen Gefühlen fahren Sie nach Hause? Können Sie sich jetzt Ihrem Privatleben widmen oder müssen Sie noch Kunden tref-

fen, sich Gedanken um ein Projekt machen, eine Reise vorbereiten?

Was bedeutet es praktisch für Sie, das Privatleben zu genießen? Wie sieht ein optimaler Feierabend aus? Lassen Sie auch hier wieder Ihrer Fantasie freien Lauf.

Wann werden Sie müde, begeben sich in Ihr Bett und schlafen? Sie blicken jedenfalls an diesem Abend zufrieden und glücklich auf den Tag zurück und schlafen entspannt und ruhig ein.

Zählen Sie dann, wenn Sie so weit sind, langsam von fünf nach eins rückwärts und machen Sie sich klar, dass Sie bei eins wieder hellwach dort ankommen, wo Sie diese Reise begonnen haben. Öffnen Sie bei eins die Augen, atmen Sie einige Male tief ein und langsam wieder aus, machen Sie noch ein paar schnelle Armbeugen und halten Sie dann alles schriftlich fest, was Sie gesehen haben (am besten auf der rechten Seite eines Buches mit leeren Seiten und auf der linken Seite ist dann Platz für alle sofortigen oder späteren Einfälle).

Achten Sie spätestens jetzt vor allem auch auf die Gefühle, die aufkamen/kommen, wenn Sie sich die Einzelheiten dieses optimalen Arbeitstages verdeutlichen, und schreiben Sie auch all diese Gefühle sorgfältig auf.

Beschäftigen Sie sich mit den Einfällen, die im Nachhinein kommen, und wiederholen Sie diese Fantasie in einigen Abständen immer mal wieder.

Anhang 2:
Wichtige Entscheidungen treffen

(Bitte lesen Sie vorab die Einführung zu dem Thema „geleitete Imagination" in Anhang 1.)

Ein intensives Training der Imaginationsfähigkeit kann auch bei schwierigen Entscheidungen helfen. Wir haben uns von Penney Peirce und Carol Adrienne zu folgenden Schritten einer Imaginationsübung anregen lassen.

1. Schritt:

Sorgen Sie dafür, dass Sie für die nächsten 45 bis 60 Minuten nicht gestört werden können (Handy ausschalten etc.). Setzen Sie sich bequem und entspannt hin und entspannen Sie sich tiefer mit einer Methode Ihrer Wahl.

Wählen Sie drei mögliche Alternativen oder berufliche Optionen aus, die Sie für erstrebenswert halten, und schreiben Sie diese auf einem Blatt auf.

2. Schritt:

Beginnen Sie mit der Alternative, die Ihnen spontan als erste einfällt (kann von obiger Reihenfolge abweichen). Dann nehmen Sie an, diese Alternative hat sich bereits verwirklicht. Stellen Sie sich Schritt für Schritt vor, in welcher Umgebung Sie sich befinden, wie Sie sich selbst und wie andere sich nun verhalten, erleben Sie mit den auftauchenden Bildern eine vorgestellte Realität, in der Sie sich unter neuen Voraussetzungen bewegen.

Achten Sie nun auf Ihre Empfindungen, Ihre Gefühle. Was spüren Sie körperlich? Welche seelischen Regungen, Stimmungen machen sich bemerkbar? Ist es eher ein Anflug von Nervosi-

tät oder fühlen Sie sich erwartungsvoll, freudig erregt? Vielleicht bleiben Sie auch ganz ruhig und gelassen. Es kann sich aber auch eine unangenehme Vorahnung, eine Schwere oder Ängstlichkeit einstellen. Möglicherweise erhöht sich der Puls etwas oder die Hände und die Stirn werden feucht. Bleiben Sie ruhig und warten Sie ein wenig ab. Die Bilder werden sich weiterentwickeln und dementsprechend auch die Reaktionen. (Nur falls die Gefühle zu stark und unangenehm werden, brechen Sie die Fantasie ab, zählen Sie von fünf nach eins rückwärts, machen ein paar Armbeugen, entspannen sich wieder und wenden sich dann einer der beiden anderen Alternativen zu.)

Sollte Ihnen die erste Alternative aber gefallen, verstärken Sie die positiven Gefühle und lassen Sie die von diesen Bildern ausgehende Kraft stärker und stärker werden. Vielleicht melden sich neben den Bildern auch Eindrücke der anderen Sinnesorgane, vielleicht hören Sie die Stimmen der anderen oder Musik, bestimmte Geräusche oder Sie nehmen Gerüche wahr. Genießen Sie einen angenehmen Zustand, falls er sich einstellt, vielleicht entwickelt sich sogar ein richtiger Glückszustand.

3. Schritt:

Lassen Sie Ihrer Fantasie freien Lauf und bewegen Sie sich nun in einen Zeitraum hinein, der etwa vier bis sechs Monate in der Zukunft liegt. Ändern sich die Empfindungen und Gefühle? Von der Entspannung in eine Anspannung hinein oder entwickelt sich noch stärkere Vorfreude? Nehmen Sie sich vollständig in diesem Zustand in der Zukunft wahr. Nehmen Sie sich aber nur wahr, ohne sich weitere Gedanken zu machen. Es bleibt ein reines Beobachten.

4. Schritt:

Nun bewegen sie sich noch weiter in die Zukunft hinein, ein ganzes Jahr. Bleiben Sie bei dem, was Sie körperlich wahrnehmen. Gibt es Veränderungen, Verstärkungen oder Abschwächungen? Wird vorher Unangenehmes jetzt angenehmer oder umgekehrt?

Abschluss:

Achten Sie auf einen inneren Impuls. Er wird Ihnen anzeigen, dass es nun Zeit ist, wieder zum heutigen Tag zurückzukommen. Verabschieden Sie sich von allen Bildern und Empfindungen, Eindrücken und Wahrnehmungen. Löschen Sie diese aus, als wenn Sie mit einem Dimmer das Licht löschen. Nehmen Sie ein paar Mal tief Luft, atmen Sie langsam aus und bemerken Sie, wie Sie sich wieder in einen neutralen Gefühlszustand hineinbewegen.

5. Schritt:

Beginnen Sie dann den ganzen Prozess mit einer der beiden anderen Alternativen von vorn und auf die gleiche Art und Weise. Schließen Sie die Imagination dann anschließend mit der dritten Alternative ab. Führen Sie sämtliche vier Schritte immer komplett durch.

6. Schritt:

Nun nehmen Sie sich noch etwas Zeit, um sich diese drei Fantasien noch einmal zu verdeutlichen. Aber nun gestalten Sie Ihre Vorstellungen in der Weise, dass Sie grundsätzlich passiv bleiben und nichts von sich aus unternehmen. Lassen Sie die

Alternativen noch einmal vor Ihrem geistigen Auge ablaufen, ohne irgendwelche Präferenzen vorzunehmen.

Ist diese passive Haltung nun angenehmer oder erzeugt sie eine Anspannung oder gar Ängstlichkeit? Wenn Sie schrittweise in die Zukunft hineinblicken – wann spüren Sie den Impuls, aktiv zu werden, die passive Rolle aufzugeben und in das Geschehen einzugreifen?

7. Schritt:

Kehren Sie nun endgültig in die Gegenwart und in den Raum zurück, in dem Sie sich befinden. Vielleicht möchten Sie jetzt gerne einen kleinen Spaziergang machen, angenehme Musik hören, etwas Gutes essen oder sich sonst wie verwöhnen. Erst nach einiger Zeit sollten Sie dann auf die Entscheidungsfindung zurückkommen. Wählen Sie dann die Alternative, die ein tief empfundenes Gefühl von Stimmigkeit auslöst, nicht eine, die lediglich eine vorhandene Spannung abbaut und leichter durchzuführen ist.

Literatur

Adrienne, C.; Peirce, P.: Intuitive Way: The Definitive Guide to Increasing Your Awareness: A Guide to Living from Inner Wisdom. Greensboro, Council Oak Publications 2005

Antonovsky, A.: Salutogenese. Zur Entmystifizierung der Gesundheit. Expanded German Edition by A. Franke, Tübingen 1997

Antonovsky, A.: Unraveling the mystery of health. How people manage stress and stay well. San Francisco 1987

Assagioli, R.: Die Schulung des Willens. Paderborn, Junfermann 1982

Buckingham, M.; Clifton, D.: Entdecken Sie Ihre Stärken jetzt! 2. Aufl., Frankfurt am Main/New York, Campus 2002

Covey, S.: Die sieben Wege zur Effektivität. München, Heyne Campus 1992

Csikszentmihalyi, M.: Flow – Das Geheimnis des Glücks. 13. Aufl., Stuttgart, Klett-Cotta 2002

Dewey, J.: Demokratie und Erziehung, 3. Auflage 1964, Westermann, Braunschweig

Ellis, A.: Sex and the single men, 1963, Lyle Stuard, New York

Ernst, H.: Das Geheimnis der Könner. In: Psychologie Heute, Januar 2001, S. 20 – 27

Ernst, H.: Das gute Leben. Berlin, Ullstein 2003

Frankl, V.: Der Mensch vor der Frage nach dem Sinn. München, Piper 2005

Fromm, E.: Die Furcht vor der Freiheit. München, dtv 1990

Gawain, S.: Gesund denken. Kreativ visualisieren. München, Heyne 1994

Hansch, D.: Erfolgsprinzip Persönlichkeit, Berlin/Heidelberg/New York, Springer 2006

Hansch, D.: Evolution und Lebenskunst. 2. Aufl., Göttingen, Vandenhoeck & Ruprecht 2004

Huhn, G.; Backerra, H.: Selbstmotivation. Flow – statt Stress oder Langeweile. 3. Aufl., Hanser, München 2007

Langer, E.: Mindfullness, 1989, Perseus Books, New York

Leonard, G.: Der längere Atem. Die fünf Prinzipien für langfristigen Erfolg im Leben. München, Heyne 2006

Leuner, H.: Lehrbuch des Katathymen Bilderlebens. Bern, Huber 1994

Rampe, M.: Der R-Faktor. Das Geheimnis unserer inneren Stärke. Frankfurt/Main, Knaur 2005

Rheinberg, F.: Motivation. 6. Auflage, Stuttgart, Kohlhammer 2006

Scheurl-Defersdorf, M. v.: Die Kraft der Sprache (Kartenset)

Schweizer, A.: zitiert nach Ernst, H., Der ehrliche Weg zum Glück

Seiwert, L.: Das Bumerang-Prinzip. Mehr Zeit fürs Glück. München, Gräfe und Unzer 2002

Seligman, M.: Pessimisten küsst man nicht. Optimismus kann man lernen. München, Droemer Knaur 2001

Sprenger, R.: Das Prinzip Selbstverantwortung. Frankfurt am Main, Campus 1995

Sprenger, R.: Die Entscheidung liegt bei Dir! Wege aus der alltäglichen Unzufriedenheit. Frankfurt am Main, Campus, 12. Auflage 2003

Stone, H.; Stone, S.: Du bist viele. München, Heyne 2000

Turenne, H.: zitiert nach Assagioli, R., Die Schulung des Willens

Wilson, C.: Auf dem Gipfel des Seins. In: Kumar, S.; Hentschel, R. (Hrsg.): Metapolitik – Die Ernst-Friedrich-Schumacher-Lectures, München, Dianus-Trikont 1985

Wolff, L.; Frank, J.: Berufszielfindung und Umsetzungsstrategien für Studium, Aus- und Weiterbildung. Stuttgart, Gabal 1992

Weiterführende Literatur:

Agyris, C.; Schön, D.: Die lernende Organisation. Stuttgart, Klett-Cotta 1999

Dörner, D.: Die Logik des Misslingens. Reinbek bei Hamburg, Rowohlt 1992

Hillmann, J.: Charakter und Bestimmung. Eine Entdeckungsreise zum individuellen Sinn des Lebens. München, Goldmann 1998

Katie, B.: Lieben was ist. Wie vier Fragen Ihr Leben verändern können. München, Goldmann 2002

Robbins, A.: Das Robbins Power Prinzip. München, Heyne 1994

Steigern Sie Ihre Lebensqualität!

Kostka
**Lebensqualität – Bausteine
und Methoden**
128 Seiten.
ISBN 978-3-446-22706-4

Möchten Sie Ihre Lebensqualität steigern und mit sich selbst
im Einklang sein? Wissen aber nicht wie und wollen hier auch
nicht dicke Schmöker wälzen? Dann ist dieser Band genau das
Richtige für Sie! Sie erhalten in knapper Form alle notwendigen Bausteine und Methoden, um Körper, Geist und Seele in
Balance zu bringen.

• Mit besserer Lebensqualität zu einem glücklicheren Leben
• Kompakte Übersicht über alle Bereiche der Lebensqualität
• Zahlreiche Übungen erleichtern Ihnen die Umsetzung